智慧社区集成与运维
（初级）

组　编　超级智慧家（上海）物联网科技有限公司
主　编　薛　莹　吴晓敏
副主编　汤益华　徐长瑜　彭红福
参　编　王　磊　董莹荷　马利平　李爱生
　　　　刘元婧　郭　虎　姚申俊

机械工业出版社

本书紧跟智慧社区技术发展趋势，参照1+X智慧社区集成与运维职业技能等级标准（初级），根据智慧社区行业相关企事业单位中智慧社区系统集成、智慧社区系统管理、智慧社区工程维护、智慧社区数据管理、智慧终端设计与调试、智慧社区云平台建设与维护等岗位涉及的工作领域和工作任务进行设计，采取理论与实际相结合的思路进行编写。全书共6个项目，分别为智慧家庭系统概述、搭建智慧家庭系统、智慧社区环境监测、智慧社区安全监控、智慧社区综合应用、物联网平台应用。

本书可作为职业院校建筑智能化类专业、物联网类专业、物业管理类专业，以及计算机类专业的学生用书，也可供相关企业管理人员及技术人员使用。

本书配有电子课件、微课视频，选用本书作为授课教材的教师可在机械工业出版社教育服务网（www.cmpedu.com）免费注册后下载。

图书在版编目（CIP）数据

智慧社区集成与运维：初级 / 超级智慧家（上海）物联网科技有限公司组编；薛莹，吴晓敏主编. —北京：机械工业出版社，2023.10（2025.4重印）
1+X职业技能等级证书（智慧社区集成与运维）配套教材
ISBN 978-7-111-74259-3

Ⅰ．①智… Ⅱ．①超… ②薛… ③吴… Ⅲ．①物联网-应用-社区管理-职业技能-鉴定-教材 Ⅳ．①C916.2-39

中国国家版本馆CIP数据核字（2023）第222197号

机械工业出版社（北京市百万庄大街22号 邮政编码100037）
策划编辑：李绍坤　　　　　责任编辑：李绍坤　宫晓梅
责任校对：李　思　牟丽英　封面设计：鞠　杨
责任印制：常天培
固安县铭成印刷有限公司印刷
2025年4月第1版第3次印刷
184mm×260mm · 10.5印张 · 186千字
标准书号：ISBN 978-7-111-74259-3
定价：35.00元

电话服务　　　　　　　　　网络服务
客服电话：010-88361066　　机 工 官 网：www.cmpbook.com
　　　　　010-88379833　　机 工 官 博：weibo.com/cmp1952
　　　　　010-68326294　　金 书 网：www.golden-book.com
封底无防伪标均为盗版　　机工教育服务网：www.cmpedu.com

党的二十大报告提出："加快发展数字经济，促进数字经济和实体经济深度融合，打造具有国际竞争力的数字产业集群。"随着5G时代的到来，5G结合物联网、人工智能、大数据、云计算、数字孪生、AR/VR等新一代信息技术，将对智慧社区中的人、空间、社区关系进行重构，推动未来社区新模式、新场景、新需求、新体验的发展应用。5G技术的高带宽、低延时、广连接等特性，为智能设施打造物理实体的数字化呈现，进而为人与人、人与物、物与物之间的泛在连接铺平道路，推动无时不在、无处不在的万物互联。这背后所产生的海量数据，又将借助5G拥有更多、更大的发挥空间，打造智慧社区智能中枢，建设统一、汇聚、融合的智能运营管理平台，综合应用大数据、机器学习、数字孪生等技术手段，汇集并整合未来社区网络数据、各类应用数据、各类基础设施数据，推动未来社区在治理、服务、生活场景的全方位可视化展现和全面融合管理。

智慧社区充分借助信息技术，将社区家居、社区物业、社区医疗、社区服务、电子商务、网络通信等整合在一个高效的信息系统之中，为社区居民提供安全、高效、舒适、便利的居住环境，实现生活、服务计算机化、网络化、智能化，是基于大规模信息智能处理的一种新的管理形态社区。

新兴的智慧社区是一个复杂的系统工程，是新一代信息技术、装备技术和种养工艺深度融合的产物。智慧社区急需大量的新型产业技术人才，然而，当前的专业体系与智慧社区产业集群存在映射鸿沟，无法满足新兴产业需要大量复合型人才的要求。

为了培养复合型技术技能人才，2019年初，《国务院关于印发国家职业教育改革实施方案的通知》（国发〔2019〕4号）提出了"从2019年开始，在职业院校、应用型本科高校启动'学历证书+若干职业技能等级证书'制度试点（以下称1+X证书制度试点）工作"的要求。

为落实1+X证书制度，超级智慧家（上海）物联网科技有限公司作为1+X证书制度试点第四批职业教育培训评价组织，与多所职业院校合作编写了本书。

本书采用任务驱动的项目化方式编写，突出工程实践性，内容包括智慧家庭系统概述、搭建智慧家庭系统、智慧社区环境监测、智慧社区安全监控、智慧社区综合应用、物联网平台应用6个项目。每个项目首先讲解项目背景，了解相关政策、行业现状和发展趋势。然后确立本项目的学习目标，包括知识目标、技能目标和素质目标，基于学习目标设计任务。任务一般包括侧重理论的设计部分、侧重实践的安装调试部分、侧重系统集成的云平台部分。每个任务都有知识补充模块以拓展学生的视野，使其了解最新技术发展。每个项目最后均给出了每个任务的考核技能点及评分方法，这些考核技能点来自智慧社区集成与运维职业技能

PREFACE

等级标准。

本书由薛莹、吴晓敏担任主编，汤益华、徐长瑜、彭红福担任副主编，参与编写的还有王磊、董莹荷、马利平、李爱生、刘元婧、郭虎和姚申俊。项目1由吴晓敏、马利平编写，项目2由汤益华、彭红福编写，项目3由薛莹、李爱生编写，项目4由薛莹、董莹荷编写，项目5由徐长瑜、刘元婧编写，项目6由王磊、郭虎、姚申俊编写，全书由薛莹、汤益华统稿。

在本书编写过程中，参考了大量智慧家庭、智慧社区、智能安防、建筑智能化方面相关的经典图书、资料，在此对相关作者表示衷心的感谢。

由于编者水平有限，书中不妥之处在所难免，恳请读者批评指正。

编 者

前言
项目1
智慧家庭系统概述　　　　　　　　1
　　任务1　识别智慧家庭硬件设备　　2
　　任务2　绘制智慧家庭设计图　　　7
　　任务3　绘制智慧家庭网络拓扑图　16
　　项目评价表　　　　　　　　　　21
　　项目习题　　　　　　　　　　　22
　　项目总结　　　　　　　　　　　22

项目2
搭建智慧家庭系统　　　　　　　　23
　　任务1　搭建智慧家庭网络　　　　24
　　任务2　搭建智慧家庭环境监测类设备　31
　　任务3　搭建智慧家庭安全监测类设备　36
　　任务4　搭建智慧家庭安全防护类设备　45
　　项目评价表　　　　　　　　　　52
　　项目习题　　　　　　　　　　　52
　　项目总结　　　　　　　　　　　53

项目3
智慧社区环境监测　　　　　　　　55
　　任务1　采集风类传感器数据　　　56
　　任务2　采集温湿度传感器数据　　65
　　任务3　采集雨雪传感器数据　　　68
　　项目评价表　　　　　　　　　　71
　　项目习题　　　　　　　　　　　71
　　项目总结　　　　　　　　　　　72

项目4
智慧社区安全监控　　　　　　　　73
　　任务1　监控有毒有害气体　　　　74
　　任务2　监控智能安防系统　　　　81
　　任务3　监控智能电力系统　　　　89
　　项目评价表　　　　　　　　　　94
　　项目习题　　　　　　　　　　　95
　　项目总结　　　　　　　　　　　96

项目5
智慧社区综合应用　　　　　　　　97
　　任务1　配置中央控制器　　　　　98
　　任务2　集成门禁系统　　　　　　102
　　任务3　集成灯光控制系统　　　　106
　　项目评价表　　　　　　　　　　110
　　项目习题　　　　　　　　　　　111
　　项目总结　　　　　　　　　　　112

项目6
物联网平台应用　　　　　　　　　113
　　任务1　注册阿里云物联网平台账号　114
　　任务2　管理物联网平台项目　　　119
　　任务3　管理智慧社区项目　　　　124
　　任务4　管理智慧社区产品　　　　131
　　任务5　开发智慧社区移动应用　　144
　　项目评价表　　　　　　　　　　157
　　项目习题　　　　　　　　　　　158
　　项目总结　　　　　　　　　　　159

参考文献　　　　　　　　　　　　160

Project 1

项目 1
智慧家庭系统概述

项目背景

智慧社区是指充分利用物联网、云计算、移动互联网等新一代信息技术的集成应用，为社区居民提供一个安全、舒适、便利的现代化、智慧化生活环境，从而形成基于信息化、智能化社会管理与服务的一种新的管理形态的社区。

智慧家庭是智慧社区中的一个子系统，是智慧城市的最小单元，是以家庭为载体，以家庭成员之间的亲情为纽带，结合物联网、云计算、移动互联网和大数据等新一代信息技术，实现低碳、健康、智能、舒适、安全和充满关爱的家庭生活方式。

本项目旨在指导学生了解和掌握智慧家庭中可能使用到的各类硬件设备，并学习Visio软件的基本操作，使学生能利用其绘制网络架构图、智慧家庭布局图、智慧家庭设备点位图等，为后续智慧家庭系统的搭建和调试提供前期储备知识。

【知识目标】

- 了解智慧家庭设计方案。
- 了解各类有线传输介质的基本内容。

【技能目标】

- 能使用Visio软件进行基本操作。
- 能使用Visio软件正确绘制智慧社区网络架构图。
- 能使用Visio软件绘制相关智慧家庭布局图。
- 能使用Visio软件绘制智慧家庭设备点位图。

智慧社区集成与运维（初级）

【素质目标】

- 逐渐养成认真负责、严谨细致、静心专注、精益求精的职业态度。
- 严格遵守物联网、网络与信息安全相关的法律、法规与职业道德。
- 培养仔细观察、深入分析的职业行为习惯。
- 培养服务意识与不怕累、不怕苦、不怕脏的职业精神。
- 注重专业兴趣，在工作任务中培养爱岗敬业、乐于奉献的职业信念。
- 关注行业新设备、新技术、新动态，勇于提出创新建议，逐步培养职业创新意识。

任务1　识别智慧家庭硬件设备

任务描述

智慧家庭是一种具有先进技术的智能家居设备网络系统，通过连接传感器和设备的连接，监控各种家用设备例如智能照明、电器控制、环境感知、健康监测等。在本任务中，我们将学习如何识别相关的各类智慧家庭硬件设备，为后续系统搭建提供知识储备。同时，对智慧家庭的环境进行模拟呈现。

任务目标

- 了解智慧家庭中常见的硬件设备类型并熟悉其用途。
- 具备对智慧家庭模拟环境展示布局的总体认知。
- 掌握各设备的安装地点和用途。

任务实施

在智慧家庭系统中会使用大量的硬件设备，如图1-1所示，各硬件设备具体功能如下：

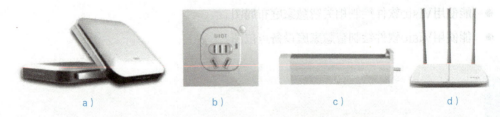

图1-1　智慧家庭常用各类硬件设备

a）家庭智能服务器　b）智能插座　c）智能窗帘电动机　d）家用路由器

项目1 智慧家庭系统概述

图1-1 智慧家庭常用各类硬件设备（续）

e）温湿度传感器　f）风雨传感器　g）红外电子栅栏　h）烟雾传感器　i）煤气泄漏监测器　j）红外幕帘探测器　k）智能门（窗）磁　l）网络摄像头　m）红外家电控制器　n）声光传感器　o）红外人体探测器

1. 家庭智能服务器

家庭智能服务器作为智能家庭系统的核心设备，内置ZigBee协调器，可以与所有ZigBee终端产品进行通信，实现控制和查询其他设备的功能。外部以太网接口可以实现网络通信、集成摄像头视频转发、图片抓拍及云平台控制服务。内置强大的协议解码库，支持多种品牌家电设备，具有短信、电话、邮件、网络消息等多种报警通知功能。

2. 智能插座

智能插座具有手动通断电功能，按下按键可以切换通断电，具有童锁功能，开启后，手动通断功能将失效，具有断电恢复功能，断电再上电后，将恢复断电前的状态。

3. 智能窗帘电动机

智能窗帘电动机的控制方式包括手拉启动、强电控制、弱电控制、RF（无线电）遥控和App控制等。支持的功能包括ZigBee入网、强电状态识别、电子计数停机、任意点停机设置、智能恒速、转向设置等。

4．家用路由器

家用路由器多数采用高度集成设计，集成100/1000Mbit/s宽带以太网WAN接口，并内置多口100/1000Mbit/s自适应交换机，方便多台机器连接内部网络与互联网。

5．温湿度传感器

温湿度传感器可以实时监测当前环境的温度、湿度，并在App上显示当前环境的温湿度。

6．风雨传感器

风雨传感器由风光雨传感器和协议转换器两部分组成。风光雨传感器作为监测部件接到协议转换器上，协议转换器负责将报警信息上传到主机。风雨传感器也可以作为安防联动控制的判断条件。

7．红外电子栅栏

红外电子栅栏通过红外线技术监测入侵，并通过无线传输将入侵信息发送给主机，通过App告知用户发生入侵事件。

8．烟雾传感器

烟雾传感器具有声光自检功能、无线联网功能、烟雾报警功能、故障报警功能、低电量报警功能等。

9．煤气泄漏监测器

煤气泄漏监测器具有可燃气体泄漏监测和报警功能，可以手动进行设备自检，也可以远程控制机械手进行设备自检。

10．红外幕帘探测器

红外幕帘探测器监测到有人外出或入侵时，上报报警数据到主机，主机会将报警信息推送到用户手机实现报警功能。

11．智能门（窗）磁

智能门（窗）磁是用来监测门窗关开状态的，设备进入工作状态后，发生开窗、关窗的动作后，数据会发送到主机，主机接收到数据后会推送给用户，以达到实时报警的功能。

12．网络摄像头

网络摄像头支持有线连接和无线连接。有线连接时，设备可以提供应用场景的高清实时画面。

13. 红外家电控制器

红外家电控制器可学习家电的遥控器指令，接收ZigBee信号，并转换成红外信号，红外信号360°全向发送，可以替代遥控器控制同一可视区域不超过3种红外家电。

14. 声光传感器

当声光传感器接收到智能服务器的报警命令后，扬声器会发出声音报警信号，灯光同时闪烁报警。

15. 红外人体探测器

红外人体探测器在人体红外感应范围内，人来回走动时能够上报报警数据到主机，并由主机发送信息到用户，从而实现报警功能。

智慧家庭的环境中除了上述介绍的相关硬件设备外，还有很多其他的相关设备，在进行设计时需要根据用户的实际需求，选择对应的产品，实现相关功能。

知识补充

智慧家庭方案设计流程需要遵循客户的意愿，进行个性化定制，因此前期的用户调研非常重要。具体的设计流程如下：

1）通过跟用户沟通了解用户实际的需求，根据用户的家庭情况、生活习惯等，整理出相关的需求调研报告。

2）搜集相关资料，包括基本户型图、平面图、选用品牌资料等。

3）根据用户需求，在房屋图纸上绘制设备点位图，制定设备清单，完成成本预算表，提交用户再次确认基本功能并进行成本预算确认。

4）根据用户提出的意见，修改相关图表，并跟用户签订合同。

5）细化设备点位图、设备接线图、网络拓扑图、系统原理图和进度安排表等。

6）将图纸提交给施工人员，开始组织施工。

7）施工人员开始施工，调试、检验后，提交用户验收。

8）完成施工并通过验收后，提交相关竣工资料，存档保存。

基础网络是智慧家庭的基础，因此保证网络的正常传输至关重要。网络传输介质的选择必须考虑传输介质的性能、价格、使用规则、安装难易度、可扩展性等一系列因素。目前传输介质主要分为有线传输介质和无线传输介质。

1. 有线传输介质

有线传输介质中使用较多的有双绞线、同轴电缆、光纤等。

1）双绞线（Twisted Pair，TP）是一种较常见的传输介质，也是局域网中使用较普遍的一种传输介质。双绞线由两根具有绝缘保护层的铜导线组成。把两根绝缘的铜导线按一定密度互相绞在一起，可降低信号干扰的程度，每一根导线在传输中辐射出来的电波会被另一根导线上发出的电波抵消。把一对或多对双绞线放在一个绝缘套管中便形成了双绞线电缆，在长距离传输中，一条电缆可包含几百对双绞线。

目前，常将双绞线分为非屏蔽双绞线（UTP）和屏蔽双绞线（STP）。屏蔽双绞线电缆的外层由铝箔包裹着，它的价格相对要高一些，安装时要比非屏蔽双绞线困难，必须使用特殊的连接器，技术要求也比非屏蔽双绞线电缆高。与屏蔽双绞线相比，非屏蔽双绞线电缆外面只需一层绝缘胶皮，因而质量轻、易弯曲、易安装，组网灵活，非常适用于结构化布线，所以在无特殊要求的计算机网络布线中，常使用非屏蔽双绞线电缆。

2）同轴电缆由一根空心的外圆柱导体及其所包围的单根内导线组成。外圆柱导体与导线用绝缘材料隔开，其频率特性比双绞线好，能进行较高速率的传输。由于同轴电缆的屏蔽性能好，抗干扰能力强，因此通常用于基带传输。

局域网中常用的同轴电缆有两种：基带同轴电缆和宽带同轴电缆。基带同轴电缆是特性阻抗为50Ω的同轴电缆（如RG-8、RG-58），用于传送数字信号。50Ω同轴电缆分为粗缆和细缆两种，粗缆传输性能优于细缆。在传输速率为10Mbit/s时，粗缆网段传输距离可达500～1000m，细缆传输距离为200～300m。

3）光纤是光导纤维的简称，为细如头发丝的透明玻璃丝，其主要成分为石英，主要用来传导光信号。光纤由纤芯、包层、涂覆层组成。光导纤维电缆是由一捆光导纤维组成的，简称光缆。光缆是数据传输中最为有效的一种传输介质之一，它的优点是：

①传输频带宽，通信容量大；②电磁绝缘性能好，不受电磁干扰影响；③信号衰变小，传输距离较大；④保密性高；⑤制造原料丰富。

2. 无线传输介质

在智慧家庭的建设中除了使用上述各类有线传输介质外，还大量使用了无线传输介质，因为无线传输介质在线路铺设安装时受周围环境影响较小，更方便施工人员进行布放。目前常见的无线传输介质包括有无线电波、红外线等。

1）无线电波是目前应用最多的无线网络传输介质之一。一方面是因为无线电波的覆盖范围较广，应用较广泛，具有很强的抗干扰、抗噪声的能力，使得通信安全，基本避免了通信信号的窃听，具有很高的可用性；另一方面是因为无线电波使用的电波频段主要是S频段

（2.4GHz～2.4835GHz频率范围），这个频段也叫ISM频段（即工业科学医疗频段），属于工业自由辐射频段，不会对人体健康造成伤害。

2）红外线波长为1μm，有较强的方向性，采用低于可见光的部分频谱作为传输介质，红外信号要求视距（直观可见距离）传输，窃听困难，对邻近区域的类似系统也不会产生干扰。在实际应用中，由于红外线受背景噪声、日光环境等影响较大，一般要求发射功率较高。

红外线链路由一对发射器/接收器组成。这对发射器/接收器调制不相干的红外光，只要收发机都处在视线内，不受其他建筑物的遮挡，就可以准确地进行通信。通信系统具有很强的方向性，几乎不受干扰信号串扰和阻塞的影响，而且容易安装，在数千米范围内可达到Mbit/s级别的数据传输速率。

无线传输介质的推广，进一步优化了智慧家庭的功能，减少了有线传输介质在布放安装、后期维护等方面的弊端，是未来的发展趋势，将会有越来越多的智慧家庭应用无线传输介质。

思考练习

1. 请归纳总结智慧家庭中可能使用到的各类硬件设备的名称和功能。
2. 请归纳总结智慧家庭设计中可能使用到的各类传输介质。

任务2　绘制智慧家庭设计图

任务描述

在整个智慧家庭的设计中，图表的绘制至关重要，具体包括系统原理图、端口编码表、家居点位图、施工布线图、材料统计表、材料预算清单、施工进度表等内容。为了能更好地绘制上述图纸，绘图软件的选择非常重要。Visio是一款常用的绘图软件，本任务我们将通过这款软件绘制智慧社区网络架构图、家庭布局图、智慧家庭设备点位图等。

任务目标

- 熟悉Visio软件操作界面。

- 具备读、识智慧家庭布局图、社区网络架构图、设备点位图的能力。
- 具备利用Visio软件进行家庭布局图、社区网络架构图、设备点位图绘制的能力。

任务实施

1. 新建Visio文件

Visio（本任务以2016版为例）的使用非常简单。首先打开软件，可以根据模板创建相关的工程项目，包括"基本框图""空白绘图""基本流程图""组织结构图向导"等，如图1-2所示。此处选择"基本框图"，创建一个基本框图文档。

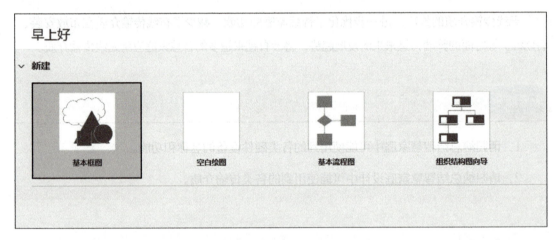

图1-2　新建Visio文件

Visio操作界面和Office其他软件的操作界面基本类似，在界面左侧可以直接找到所需要的图形工具，将其直接拖曳到界面中心的工作区，如图1-3所示。

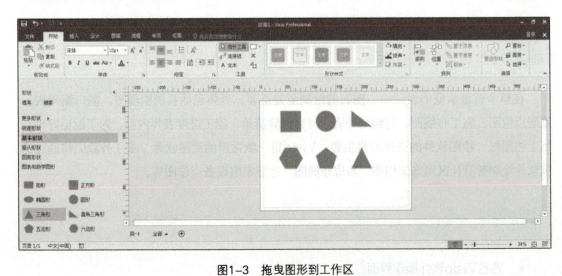

图1-3　拖曳图形到工作区

用户完成基本图形的选择和拖曳后，可以单击图形，在软件上方的属性区域内进行属性设置，包括填充、线条、效果，还可以使用连接线进行不同图形之间的连线操作，以实现类似流程图的绘制等。此外用户还可以使用菜单栏中的各种功能进行软件的基本操作，完成所有操作后，即可单击快捷菜单中的"保存"按钮，保存文档内容。

2. 绘制智慧社区网络架构图

首先打开Visio 2016，选择新建"详细网络图"，单击"开始"按钮进行创建，如图1-4所示。

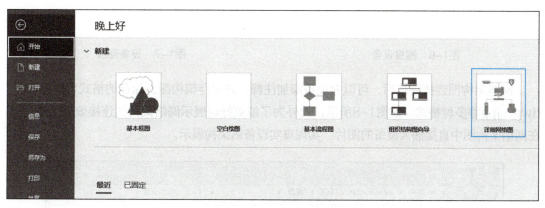

图1-4 详细网络图模板

选择"基本网络图"，开始创建网络架构图，如图1-5所示。

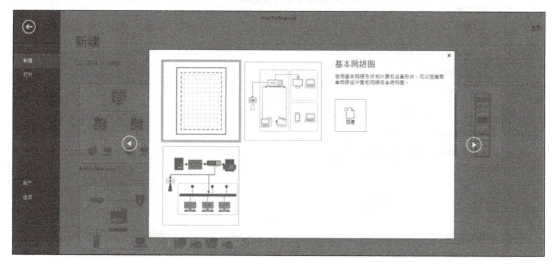

图1-5 基本网络图

在左侧设备区域选择"计算机和显示器""网络和外设"，将所需要的网络设备拖曳到工作区，例如PC、交换机、路由器、防火墙、无线访问点等，如图1-6所示。

完成设备的选型和拖曳后，就可以使用连接线连接设备了，也可以选择通信链路实现设备之间的连接，如图1-7所示。

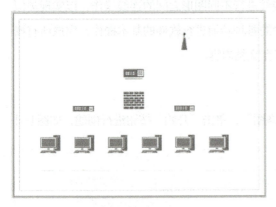

图1-6 拖曳设备

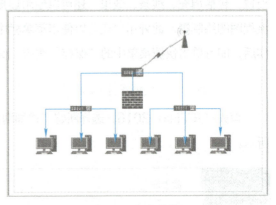

图1-7 设备连线

网络架构图连接完成后，可以为设备添加注释，并保存架构图。保存的格式包括vsdx、dwg、jpg等多种格式，如图1-8所示。此外为了能更好地展示网络架构的连接效果，还可以在网络架构图中直接插入设备的图片，实现真实设备的架构展示。

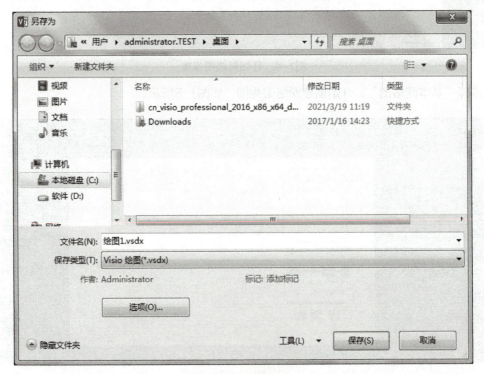

图1-8 保存架构图

3. 绘制智慧家庭布局图

在智慧家庭设计中，家庭内容的布局规划设计是一个非常重要的环节。可以利用Visio绘制家居布局规划图帮助用户进行项目的前期规划和设计。

打开Visio，新建"家居规划"模板，如图1-9所示。

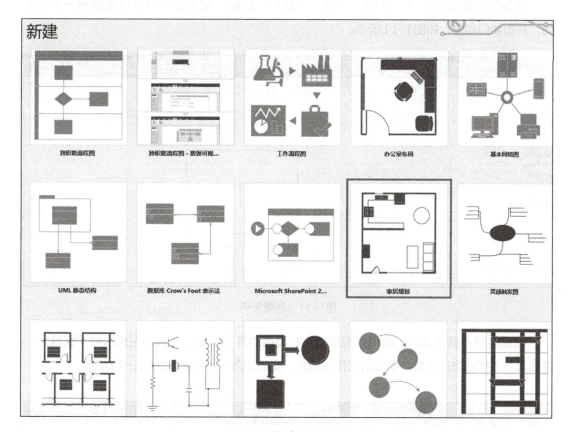

图1-9　新建家居规划

在界面左侧选择"墙壁、外壳和结构"，将其中的"房间"图标拖曳到工作区，如图1-10所示。

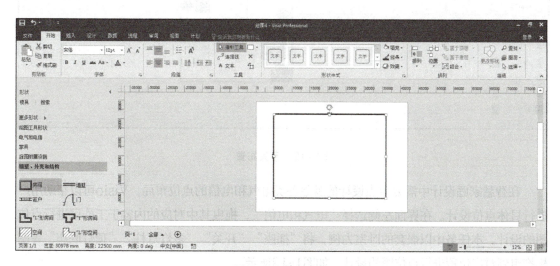

图1-10　绘制房间

在界面左侧分别拖曳"墙壁""门""窗户"图标，在工作区对应位置创建一个小房间，并添加门和窗，如图1-11所示。

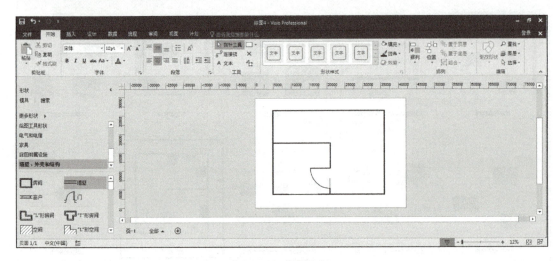

图1-11　创建房间

家庭房间布局完成后，就可以根据日常布局摆放各类家具。在界面左侧选择"家具"，并在其中选择适当的家具，拖曳到工作区域内，安放到合适的位置，如图1-12所示。

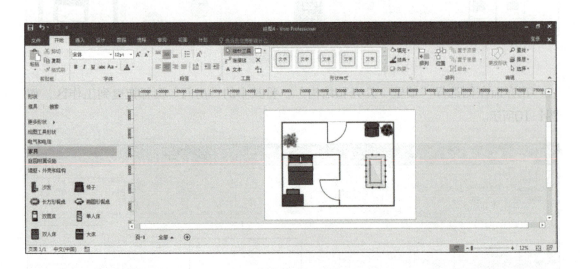

图1-12　家具布置

在智慧家庭设计中需要重点设计的就是各类电气和电信的点位布局，Visio可以帮助用户进行具体点位设计。在界面左侧选择"电气和电信"，拖曳其中对应的内容于工作区进行点位图的设计。本任务中以嵌套的卧室为例，将"插座""开关""多灯灯柱""顶灯底座"等图标拖曳到对应位置进行点位图的设计，如图1-13所示。

项目1
智慧家庭系统概述

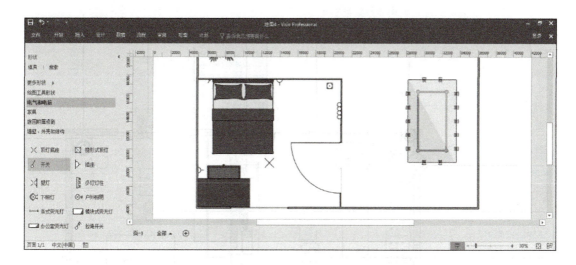

图1-13 电气和电信点位布局

完成电气和电信的点位布局设计后，用户还可以使用"绘图工具形状"中的各种测量工具（见图1-14）测量并标注尺寸。全部设计完成后，可以单击快捷菜单中的"保存"按钮，保存相关文档内容。

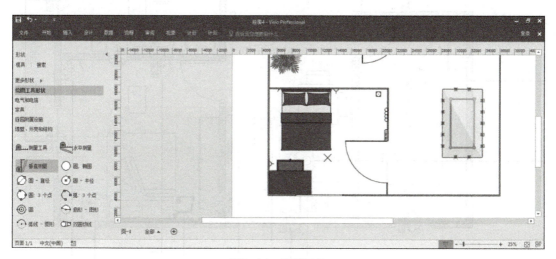

图1-14 测量工具

4．绘制智慧家庭设备点位图

智慧家庭设备点位图绘制步骤与智慧家庭布局图类似，在此不再赘述。

在智慧家庭设计中房屋的设备点位图是非常重要的，设计人员根据用户的需求设计设备点位图，如图1-15所示。设备点位图设计是指根据实际应用场景设计符合要求的设备点位，并在场景图中标识出来，对展示的相关设备的位置进行说明。

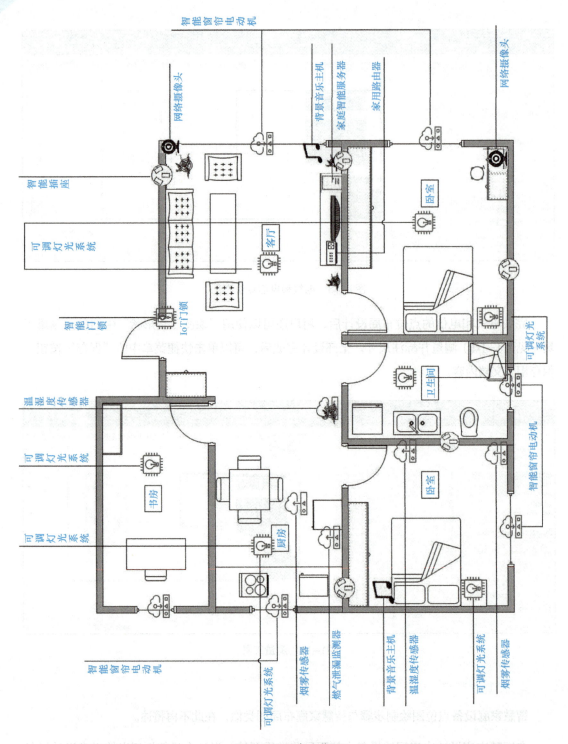

图1-15 设备点位图

智慧家庭中的应用场景包括玄关、厨房、卫生间、客厅、房间、阳台等。在不同的场景中应用到的智能设备是不同的，设备安装的位置也是各不相同的。

1）家庭智能服务器作为整个智慧家庭的核心设备，需要安装在客厅，处于智慧家庭的中心位置，并且需要靠近电源插座及网线接口，从而实现设备的连接。

2）家用路由器作为智慧家庭的网络连接核心，一般安装在客厅电视机旁，与家庭智能服务器在一起。

3）智能插座安装位置与普通插座安装位置基本无区别，只是此类插座可以通过手机App实现远端控制，从而控制各类家居设备。

4）烟雾传感器主要安装在厨房等容易发生火灾的场所，一般安装在吊顶的正中央。设备进行烟雾探测时是有一定范围区域的，安装在吊顶正中央可以最大范围地监控火灾的发生情况。

5）燃气泄漏监测器安装的位置也在厨房，可以安装在厨房的中央，监测燃气泄漏情况，燃气浓度一旦达到设置的上限阈值，则触发报警。

6）网络摄像头主要用于监视室内场景，因此需要安装在客厅、玄关、阳台、儿童房等室内区域，可以采用吸顶安装，预留电源。

7）温湿度传感器可以安装在客厅或卧室，通过传感器采集环境温湿度，并发送给智慧家庭网关服务器实现环境监测，可以采用吊顶方式安装。

8）可调灯光系统主要安装在客厅、卧室内，用于照明，可以配合手机App实现灯光亮度的调节。

9）背景音乐主机可以安装在卧室、客厅、卫生间等位置，需要预埋86暗盒并连接电源。

10）智能窗帘电动机安装在窗帘位置处，主要用于控制智能窗帘，要求附近有电源和网线与其连接。

知识补充

Visio全称为Microsoft Visio，是一款由微软官方推出，在Windows操作系统下运行的，用于流程图、矢量绘图、图表制作的软件。软件使用便捷，能够帮助用户将复杂的信息程序化、步骤化，让整个工作流程变得简洁明了。Visio模拟了各种办公场景、生活实用场景、网络场景、过程场景等，为用户提供了多款具有代表性的绘图模板，大大提高了用户的工作效率。Visio的优点如下：

1．采用可视化方式方便用户使用

Visio利用符合行业标准的通用模板，通过可视化提示准确表示各类元数据。相关内容可以随维度等元数据的更改而自动更新。可以使用直观的方式进行常用图表的绘制，例如更改形

状、自动对齐、定位、复制或对页面重新排序，利用强大的效果和主题自定义图表，可以在极短的时间内改变外观效果。

2．数据和图表的有机结合

在IT网络、制造厂或复杂业务流程环境中实现实时数据的可视化，使整体情况一目了然。在Visio中既可以利用向导功能使数据从简单的组织结构转换为复杂的图表，又可以利用数据图形（如图标、符号、颜色和条形图）揭示数据规律和含义。在Visio中利用与Excel表格的一站式连接新功能，可实现数据图形交换。将图表连接到数据源，数据就可以始终保持最新状态。

3．图标外观更专业，传达信息更有效

使用新的主题功能，可以为整个图表选择颜色或效果（文本、填充、阴影、线条以及连接线格式），从而设计出具有专业外观的图表，便于更有效地传达信息内容。

思考练习

1．请根据自己家庭的实际情况，做一份智慧家庭的设计方案。

2．根据所学，使用Visio软件绘制智慧家庭的布局图。

任务3　绘制智慧家庭网络拓扑图

任务描述

智慧社区、智慧家庭系统中均会应用到多种类型的无线通信技术。本任务将依据无线通信技术绘制智慧家庭网络拓扑图。

任务目标

- 了解在进行智慧家庭系统组建时用到的无线传输技术及其相关特点。
- 掌握利用软件绘制智慧家庭网络拓扑图的能力。

> **任务实施**

1）打开Visio 2016，选择"基本框图"模板进行创建，如图1-16所示。

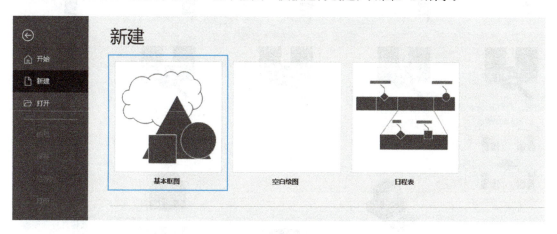

图1-16 基本框图

2）在界面左侧设备区域将所需要的网络设备拖曳到工作区，如图1-17所示。

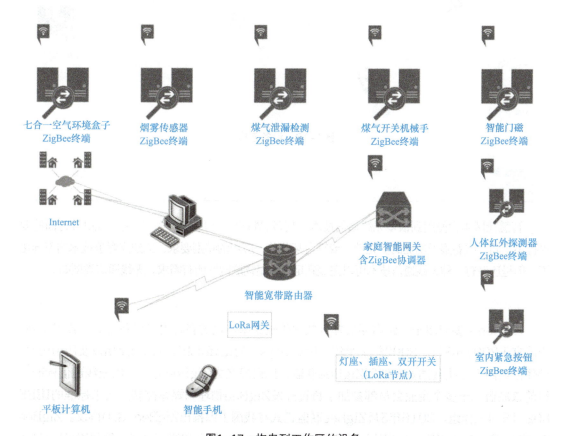

图1-17 拖曳到工作区的设备

3）完成设备的选型和拖曳后，就可以使用连接线将设备进行连接了，可以选择连接线连接设备，也可以选择通信链路连接设备，如图1-18所示。

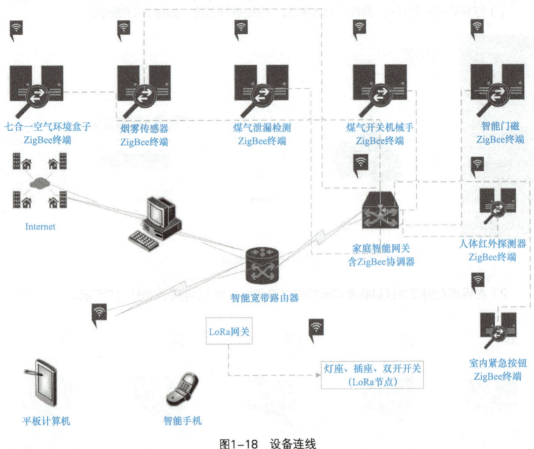

图1-18　设备连线

知识补充

智慧社区中会使用到很多无线通信技术，其各具特点，在传输速度、距离、耗电等方面的要求各不相同，或着眼于功能的扩充性，或符合某些单一应用的特别要求，或建立竞争技术的差异化等。但是还没有一种无线通信技术可以完美到足以满足物联网的所有需求。无线通信类型如下：

1. ZigBee

ZigBee主要应用于短距离通信并且数据传输速率不高的各种电子设备之间。ZigBee联盟成立于2001年8月。2002年下半年，Invensys、Mitsubishi、Motorola以及Philips半导体公司四大巨头共同宣布加盟ZigBee联盟，以研发名为ZigBee的下一代无线通信标准。目前该联盟二十多个企业会员都参加了负责开发ZigBee物理和媒体控制层技术标准的IEEE 802.15.4工作组。2016年5月ZigBee联盟正式在我国上海推出ZigBee 3.0协议。ZigBee 3.0协议统一采用不同应用层协议的ZigBee设备的发现、加入和组网方式，使得ZigBee设备的组网更便捷、更统一，并推出了ZigBee 3.0认证来规范各个厂商使用标准的ZigBee 3.0协议，以保证基于ZigBee 3.0设备的互通性。

ZigBee联盟负责制定网络层以上协议。目前，标准制定工作已完成。ZigBee协议比蓝牙、高速率个域网或802.11x无线局域网更简单实用。

ZigBee可以说是蓝牙的同族兄弟，它使用2.4GHz波段，采用跳频技术。与传统蓝牙相比，ZigBee更简单、速率更慢、功率及费用也更低。它的基本速率是250kbit/s，当降低到28kbit/s时，传输距离可扩大到134m，并获得更高的可靠性。此外，它可与254个节点联网，可以比蓝牙更好地支持家庭自动化应用。

2. WiFi

WiFi是一种无线通信协议（IEEE 802.11b），其传输速率最高可达11Mbit/s，虽然在数据安全性方面比蓝牙技术要差一些，但在无线电波的覆盖范围方面却比蓝牙略胜一筹，可达100m^2左右。

WiFi是以太网的一种无线扩展，理论上只要用户位于一个接入点四周的一定区域内，就能以最高约11Mbit/s的速率接入互联网。如果有多个用户同时通过一个点接入，带宽将被多个用户分享，WiFi的连接速率也会大大降低，另外，WiFi的信号一般不受墙壁阻隔的影响，但在建筑物内的有效传输距离要小于户外。

3. 6LoWPAN

6LoWPAN是一种基于IPv6的低速无线个域网标准，即IPv6 over IEEE 802.15.4。将IP引入无线通信网络一直被认为是不现实的。迄今为止，无线网只采用专用协议，因为IP对内存和带宽要求较高，要降低它的运行环境要求以适应微控制器及低功率无线连接是很困难的。

基于IEEE 802.15.4实现IPv6通信的IETF 6LoWPAN草案标准的发布有望改变这一局面。6LoWPAN功耗低，因此其适合便携式的移动设备，而其对AES-128加密的内置支持为强健的认证和安全性打下了基础。

IEEE 802.15.4标准设计用于开发可以靠电池运行1～5年的紧凑型低功率廉价嵌入式设备（如传感器）。该标准使用工作在2.4GHz频段的无线电收发器传送信息，使用的频带与WiFi相同，但其射频发射功率大约只有WiFi的1%。这限制了IEEE 802.15.4设备的传输距离，因此多台设备必须一起工作才能在更长的距离上传送信息和绕过障碍物。

6LoWPAN技术得到学术界和产业界的广泛关注。6LoWPAN协议已经在许多开源软件上实现，最著名的是Contiki、Tinyos，实现了6LoWPAN的完整协议栈，并得到广泛测试和应用。

6LoWPAN和ZigBee在网络拓扑结构上很相似，支持星形、树形和网状结构。网络层采用IPv6，传输层采用TCP或者UDP，应用层采用Socket接口。

4. 蓝牙

蓝牙采用的是一种扩展窄带信号频谱的数字编码技术，通过编码运算增加发送比特的数量，扩大了使用的带宽。蓝牙采用跳频方式扩展频谱。跳频扩频使得带宽上信号的功率谱密度降低，从而大大提高了系统抗电磁干扰、抗串话干扰的能力，使得蓝牙的无线数据传输更加可靠。

在频带和信道分配方面，蓝牙系统一般工作在2.4GHz的ISM频段。起始频率为2.402GHz，终止频率为2.480GHz，还在低端设置了2MHz的保护频段，高端设置了3.5MHz的保护频段。共享一个公共信道的所有蓝牙单元形成一个微网，每个微网最多可以有8个蓝牙单元。在微网中，同一信道的各单元的时钟和跳频均保持同步。蓝牙采用时分双工传输方案，使用一个天线在不同的时间间隔发送和接收信号，且在发送和接收信号中通过不断改变传输方向来共用一个信道，实现全双工传输；蓝牙发射功率可分为3个级别：100mW、2.5mW和1mW。一般采用的发送功率为1mW，无线通信距离为10m，数据传输速率达1Mbit/s。若采用蓝牙2.0标准，发送功率为100mW，可使蓝牙通信距离达100m，数据传输速率可达10Mbit/s。

5. LoRa

LoRa是低功耗局域网无线标准。一般而言，低功耗无线电很难覆盖远距离，而LoRa就是远距离无线电，其最大特点是在同样的功耗条件下比其他无线方式传播的距离更远，实现了低功耗和远距离的统一。它在同样的功耗下比传统的无线射频通信距离远3~5倍。其主要特点如下：

1）传输距离：城镇可达2~5km，郊区可达15km。

2）工作频率：ISM频段包括433MHz、868MHz和915MHz等。

3）标准：IEEE 802.15.4。

4）调制方式：基于扩频技术，是线性调制扩频（CSS）的一个变种，具有前向纠错（FEC）能力，为SEMTECH公司私有专利技术。

5）容量：一个LoRa网关最多可以连65535个LoRa节点。

6）电池寿命：长达10年。

7）安全：AES128加密。

8）传输速率：0.3~50kbit/s，速率越低传输距离越长。

LoRa主要在全球免费频段运行（即非授权频段）。其网络构架由终端节点、网关、网络服务器和应用服务器4个部分组成，应用数据可双向传输。

6. 无线射频识别技术

无线射频识别是自动识别技术的一种，通过无线射频方式进行非接触双向数据通信，利用无线射频方式对记录媒体（电子标签或射频卡）进行读写，从而达到识别目标和数据交换的目的。其被认为是21世纪最具发展潜力的信息技术之一。

无线射频识别技术通过无线电波不接触快速信息交换和存储技术、无线通信结合数据访问技术连接数据库系统，加以实现非接触式的双向通信，从而达到识别的目的，并用于数据交换，串联起一个极其复杂的系统。在识别系统中通过电磁波实现电子标签的读写与通信。根据距离，通信可分为近场和远场，为此读/写设备和电子标签之间的数据交换方式也对应地被分为负载调制和反向散射调制。

无线射频识别技术的基本工作原理并不复杂：标签进入阅读器后，接收阅读器发出的射频信号，凭借感应电流所获得的能量发送存储在芯片中的产品信息（Passive Tag，无源标签或被动标签），或者由标签主动发送某一频率的信号（Active Tag，有源标签或主动标签），阅读器读取信息并解码后，送至中央信息系统进行有关数据处理。

一套完整的无线射频识别系统是由阅读器、电子标签（即应答器）及应用软件系统三个部分组成，其工作原理是阅读器发射特定频率的无线电波能量，用以驱动电路将内部的数据送出，此时阅读器便依序接收解读数据，送给应用程序做相应的处理。

哪些无线通信技术能够胜任智慧社区的应用场景？

项目评价表

工作任务	考核技能点	评分标准	参考分值	分值
任务1 识别智慧家庭硬件设备	能根据图片或实物快速识别智慧社区、智慧家庭中各类智能硬件设备	能准确并快速地根据所给的设备图片或实物辨识硬件设备的类型	20分	
	能简单地阐述智慧社区、智慧家庭中各类智能硬件设备的基本功能	能准确并快速地根据所给的设备图片或实物说出该硬件设备的基本功能	10分	
	能根据需求选用智慧家庭各类硬件设备	能根据项目需求快速选择并合理使用设备	10分	
任务2 绘制智慧家庭设计图	能绘制智慧家庭布局图	能使用Visio软件正确绘制智慧家庭布局图，条理清晰，标注明确，符合国家或相关行业标准	20分	
	能绘制智慧家庭设备点位图	能使用Visio软件正确绘制智慧家庭设备点位图，条理清晰，标注明确，符合国家或相关行业标准	20分	
任务3 绘制智慧家庭网络拓扑图	能绘制智慧社区、智慧家庭网络拓扑图	能使用Visio软件正确绘制智慧社区、智慧家庭网络拓扑图，条理清晰，标注明确，符合国家或相关行业标准	20分	
总计				

项目习题

一、判断题

1. 智能家居是以住宅为安装基础结合无线网络通信技术、微机控制技术和总线技术等将住宅内部的家电系统、娱乐设施、安防设施以及安防系统等有效地连接在同一个网络内部进行智能化、网络化的控制与管理，从而形成以网络信息服务、住宅安全和家居系统智能控制于一体的智能家居系统。（　）

2. 智慧社区的发展由最初的单一化、个体化，到现在的集成化、网络化、数字化、无线化、智能化、模块化，整个智慧社区系统更加完善。（　）

3. 光导纤维电缆是由一捆光导纤维组成的，简称光缆。光导纤维由纤芯、包层、涂覆层组成。（　）

二、简答题

1. 简述智慧社区的基本定义。
2. 简述智慧家庭设计的整体流程。

项目总结

项目1 智慧家庭系统概述
- 任务1 识别智慧家庭硬件设备
- 任务2 绘制智慧家庭设计图
  - 新建Visio文件
  - 绘制智慧社区网络架构图
  - 绘制智慧家庭布局图
  - 绘制智慧家庭设备点位图
- 任务3 绘制智慧家庭网络拓扑图

Project 2

项目 ② 搭建智慧家庭系统

项目背景

智慧家庭又称为智慧家庭服务平台，是综合运用物联网、云计算、移动互联网和大数据技术，结合自动控制技术，将家庭设备智能控制、家庭环境感知、家人健康感知、家居安全感知、信息交流、消费服务等家居生活有效地结合起来，创造出健康、安全、舒适、低碳、便捷的个性化家居生活。

本项目旨在指导学生学会搭建各类智慧家庭系统设备，学会接线安装操作，为后续智慧家庭系统的调试打好基础。

【知识目标】

- 了解智慧家庭网关的功能。
- 了解智慧家庭系统网络路由器的功能。
- 掌握智慧家庭环境监测类设备性能参数的含义。
- 了解智慧家庭安全监测类设备的功能。
- 了解智慧家庭安全防护类设备的功能。

【技能目标】

- 能正确安装智慧家庭网关设备。
- 能正确安装智慧家庭网络路由器设备。
- 能正确安装智慧家庭环境监测类设备。
- 能正确安装智慧家庭安全监测类设备。

- 能正确安装智慧家庭安全防护类设备。

【素质目标】

- 逐渐养成认真负责、严谨细致、静心专注、精益求精的职业态度。
- 严格遵守物联网、网络与信息安全相关的法律、法规与职业道德。
- 培养仔细观察、深入分析的职业行为习惯。
- 培养服务意识不怕累、不怕苦、不怕脏的职业精神。
- 注重专业兴趣,在工作任务中培养爱岗敬业、乐于奉献的职业信念。
- 关注行业新设备、新技术、新动态,勇于提出创新建议,逐步培养职业创新意识。

任务1 搭建智慧家庭网络

任务描述

智慧家庭是构建智慧社区的最小单位。搭建智慧家庭网络的核心硬件是家庭网关。

在本任务中,我们将通过实践操作,了解智慧家庭网关的作用,所使用的网络类型、通信方式、协议类型。掌握智慧家庭网关的硬件安装步骤、智慧家庭网关的调试方法。

任务目标

- 了解智慧家庭网关的作用。
- 掌握安装智慧家庭网关的方法。
- 掌握调试智慧家庭网关的方法。

任务实施

1. 准备材料

工具:螺丝刀。

器材:智能社区实验台、家庭智能网关、M4螺钉+螺母若干、M3螺钉+螺母若干、线材若干。

2．安装智慧家庭网关

（1）网关接口

网关接口示意图如图2-1所示。

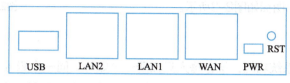

图2-1 网关接口示意图

各接口说明如下：

1）USB：USB数据接口。

2）LAN1：路由器网口1。

3）LAN2：路由器网口2。

4）WAN：联网接口。

5）PWR：电源插孔。

6）RST：复位按键/入网控制按键。

（2）指示灯

网关指示灯示意图如图2-2所示。

图2-2 网关指示灯示意图

各指示灯说明如下：

1）POW：电源指示灯，设备上电后常亮。

2）ZigBee：ZigBee指示灯，设备上电后每秒闪烁一次。

3）NET：WAN口插入网线，网络连接正常时，指示灯亮；网络连接异常时，指示灯灭，此时智能服务器无法正常工作。

4）SYS：系统正常运行后，每秒闪烁一次。

（3）安装步骤

1）接通家庭智慧中心WAN口网线（或者插入USB上网卡）。

2）接通5V适配器，电源灯亮起；ZigBee灯每秒闪烁一次；系统开始启动，系统启动完成后SYS灯开始每秒闪烁一次；家庭智慧中心连接到互联网后，NET灯常亮。

3. 调试家庭智能服务器

（1）智能家居App的下载与安装

可通过网页下载安装智能家居App，也可通过手机应用商店进行下载。智能家居App图标如图2-3所示。

图2-3　智能家居App图标

（2）注册

为了更好地体验系统功能，推荐每人只注册一个账号。同一个账号只可以同时在一个设备上登录使用。在一个设备已登录一个账号的前提下，如果使用另外一个设备登录该账号，则原账号会被挤下线。在登录页面右下角单击"注册账号"按钮，在注册界面输入智能服务器SN（或扫描二维码）、手机号码、验证码、密码后即可，如图2-4所示。注册成功后会自动跳转到登录页面。

注意：新注册的用户是没有被授权的，需要管理员在App中的"我的"→"用户管理"中为新注册的用户进行角色授权，只有授权后才能正常使用系统功能。

图2-4　注册用户

（3）登录

1）搜索登录。

① 手机连接WiFi，并确保和智能服务器处于一个局域网环境。

② 打开智能家居App，通过上方搜索条搜索智能服务器（见图2-5），搜索到智能服务器后，选择智能服务器条目，则自动返回登录页面（见图2-6），用户名为智能服务器SN的

后6位，默认自动填充。

③ 输入密码即可登录，密码默认为智能服务器SN的后6位。

④ 首次登录智能家居App（见图2-7），需要及时修改默认密码。

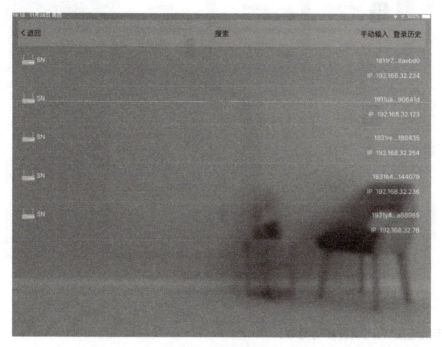

图2-5　搜索服务器

图2-6　登录界面

图2-7 登录成功

2）二维码登录。

① 手机连接WiFi或者移动网络。

② 打开智能家居App，单击左上方扫码图标，进入扫码页面，如图2-8所示，将摄像头对准智能服务器后盖的SN图标，识别后会自动返回登录页面，输入密码即可登录。

图2-8 扫码

（4）切换账号

登录多个智能服务器后，若需要切换登录历史智能服务器，则可单击"搜索"界面"历史智能服务器"按钮或"我的"界面上方"切换账号"按钮进行切换登录。

（5）系统调试

首次打开App后，需要进行系统调试并添加设备。在App左侧界面选择"我的"→"设备管理"，在打开页面的右上方单击"添加"按钮，进入设备添加页面，选择对应的设备进行入网添加。

（6）找回密码

若意外遗忘密码，可以通过找回密码功能重置密码，如图2-9所示。

图2-9 找回密码

（7）安全认证

系统登录具备安全认证功能，当一个账号在一个新设备上首次登录的时候，需要进行短信验证码认证，认证通过后就可以正常登录了。同一个设备认证后，下次登录就不再进行验证了。

知识补充

智慧家庭网关如图2-10所示。

智慧家庭网关作为智慧家庭产品的核心设备，内置ZigBee协调器，可与所有ZigBee终端产品进行通信，进而控制及查询设备状态；外部有以太网接口，可以实现网络通信。

图2-10 智慧家庭网关

1. 功能特点

1）能够与终端设备进行通信，实现设备控制、采集、状态监视。

2）提供摄像头视频转发、图片抓拍及云台控制服务。

3）内置强大的协议解码库，支持多种品牌家电设备。

4）USB接口可以接无线网卡，网络状态自动监测，宽带上网及无线网卡上网无缝切换。

5）互联网中断时，在家通过局域网仍可正常使用系统，只有在远程使用系统时才必须连接互联网。

6）支持短信、电话、邮件、网络消息等多种报警通知方式。

7）128位加密算法，保障用户隐私信息存储及传输安全；严格的权限管理体系，对开门和视频访问等敏感操作进行二次认证。

8）内置硬件看门狗、软件看门狗，保障系统长期稳定运行。

9）出厂前需要授权才能正常使用，每个主机均有唯一序列号作为标识，用户扫描序列号进行系统访问。

2. 按键说明

主机版本号V3.02.006以上，按键1按下不同时间所具有的功能见表2-1。

表2-1 按键1按下不同时间所具有的功能

按下时间	功能
按一下	重启主机
按2～6s	开启入网开关60s
按10～20s	擦除、建立ZigBee网络、自动选频
长按30s以上	恢复出厂设置

注：登录智能家居App，进入"我的"→"关于"页面，查看主机版本。

思考练习

请思考一下，智慧家庭网络设备在家庭中应该安装在哪个位置才能做到信号覆盖的最大化。请在图2-11中进行标注。

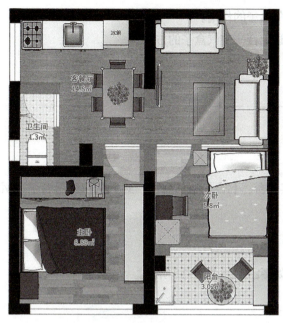

图2-11 户型图

任务2　搭建智慧家庭环境监测类设备

任务描述

家庭是组成社区的最小基本单位,对于每个生活在智慧社区中的居民来说,社区自然环境安逸、舒适是最基本的生活需求。我们可以通过在每个家庭中安装家庭环境监测类设备,来采集包括光照度、温度、湿度、PM2.5浓度、甲醛浓度、噪声、CO_2浓度等与每个人生活息息相关的环境参数,以反映居住环境的舒适度。

七合一空气盒子是一款可以获取多种居住环境参数的智能硬件,如室内光照度、温度、湿度、PM2.5浓度、甲醛浓度、噪声、CO_2浓度等。同时它也可以根据获得的环境参数控制智能家居环境的设备。

本任务以七合一空气盒子为例介绍如何搭建智慧家庭环境监测类设备。

任务目标

- 了解智慧家庭系统中常见的家庭环境监测设备种类及作用。

- 了解七合一空气盒子的作用。
- 掌握安装和调试七合一空气盒子的方法。

任务实施

1. 准备材料

工具：螺丝刀。

器材：智能社区实验台、七合一空气盒子、M4螺钉+螺母若干、M3螺钉+螺母若干、线材若干。

2. 安装七合一空气盒子

1）产品结构图，如图2-12～图2-15所示。

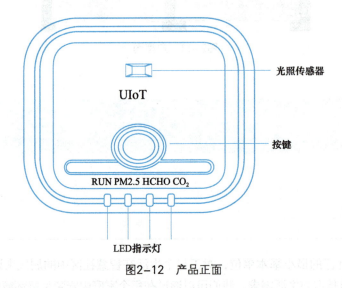

图2-12　产品正面

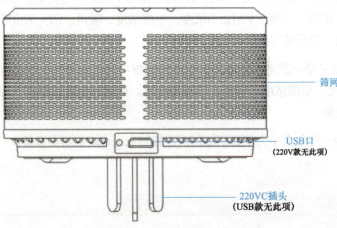

图2-13　产品侧面

图2-14　5V/1A适配器版本底壳

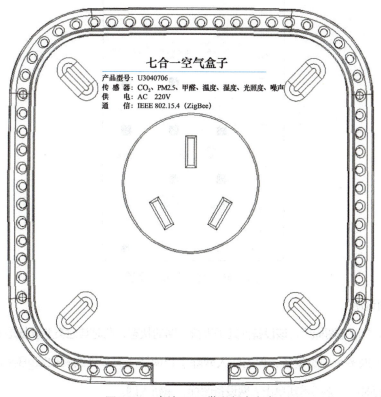

图2-15　交流220V供电版本底壳

2）操作说明。

确认行业/家庭智能服务器（配套购买）正常工作，本产品处于正常通电状态，且处于行业/家庭智能服务器的有效通信距离内。

产品根据供电方式不同分为：5V/1A适配器供电版本、交流220V供电版本。两者入网方式相同，入网前应根据对应的供电方式正确供电。设备正常供电后，产品正面4个三基色LED指示灯会同时亮起，如果不亮则检查电源是否接好。

3. 调试七合一空气盒子

（1）设备入网

1）在"设备管理"页面右上方单击"+"按钮，进入"添加设备"页面，如图2-16所示。

2）单击"七合一空气盒子"图标，进入下一级页面。

3）ZigBee类设备根据入网动画提示进行相应的操作，若超时未入网，则应重新入网。

4）入网成功后，页面会有提醒，可进行设备名称的修改。

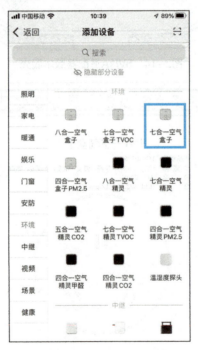

图2-16 "添加设备"页面

（2）入网说明

1）单击某个设备图标后，该设备便处于等待入网的状态，此时其他类型设备是无法入网的。

2）可以入网多个同类设备，但无法入网除了智能插座类型外的其他ZigBee设备。

3）入网超时后，必须重新单击入网设备图标，重新入网。

七合一空气盒子能够实时监测室内光照度、温度、湿度、PM2.5浓度、甲醛浓度、噪声、CO_2浓度，与智能家居智能联动，营造健康、绿色的居家环境。根据光照度自动调节照明；智能控制普通空调运行，将温度调整到适宜的温度；智能控制普通加湿器运行，将室内湿度调整到适宜范围；当监测到PM2.5浓度、甲醛浓度超标时，自动启动空气净化器；当监测到室内CO_2浓度超标时，自动启动新风、换气扇系统，并打开窗户，改善室内空气质量。

七合一空气盒子所支持的功能有：环境数据监测、设定环境数据的上下限、超限报警、提示环境值所属国标范围。

七合一空气盒子功能见表2-2。

表2-2　七合一空气盒子功能表

传感器	220V供电版本	5V/1A适配器版本
温度监测	√	√
湿度监测	√	√
光照度监测	√	√
PM2.5监测	√	√
CO_2浓度监测	√	√
甲醛浓度监测	√	√
噪声监测	√	√

思考练习

根据前面所学知识并结合所给出的户型图（见图2-17），标记出可以安装七合一空气盒子的位置，并说明理由。

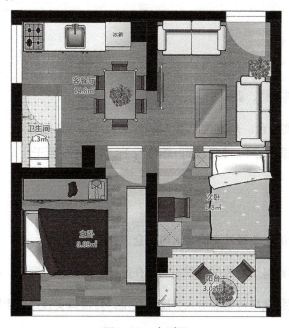

图2-17　户型图

任务3　搭建智慧家庭安全监测类设备

任务描述

在日常生活中，我们处处离不开安全设备。在智慧家庭系统中，也有着这样一类守护生活安全的硬件设备，它们防护的重点就是平时居家生活中最容易发生安全隐患的地点——厨房。

本任务将学习在厨房安装烟雾传感器、可燃气体传感器及机械手。

任务目标

- 了解智慧家庭系统中常见的家庭安全监测设备的种类及作用。
- 掌握安装烟雾传感器、可燃气体传感器、机械手的方法。

任务实施

1. 安装烟雾传感器

（1）准备材料

工具：螺丝刀、斜口钳、剥线钳。

器材：智慧社区实验台、烟雾传感器（见图2-18）、M4螺钉+螺母若干、M3螺钉+螺母若干、M2螺钉+螺母若干、M3螺柱若干、线材若干、扎带若干。

图2-18　烟雾传感器

（2）安装步骤

1）将电池按标示的正负极性正确装入电池仓，如图2-19所示。

2）用螺丝刀和螺钉将烟雾传感器底座固定在选择好的安装位置上，如图2-20所示。

3）按照卡槽位置将烟雾传感器卡入、旋转到位，并检查安装是否牢固。

图2-19 安装电池

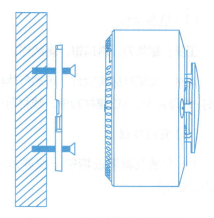

图2-20 固定烟雾传感器底座

(3) 设备入网

1) 在"设备管理"页面右上方单击"+"按钮,进入"添加设备"页面,如图2-21所示。

图2-21 添加设备

2) 单击"烟雾传感器"图标,进入下一级页面。

3) 对ZigBee类设备根据入网动画提示进行相应的操作,若超时未入网,则应重新入网。

4) 入网成功后,页面会有提醒,可进行设备名称的修改。

2. 安装可燃气体传感器

可燃气体传感器如图2-22所示。

(1) 准备材料

工具：螺丝刀、斜口钳、剥线钳。

器材：智慧社区实验台、可燃气体传感器、M4螺钉+螺母若干、M3螺钉+螺母若干、M2螺钉+螺母若干、M3螺柱若干、线材若干、扎带若干。

(2) 安装步骤

1) 在燃气源附近墙壁上按要求用安装螺钉将传感器底座固定在选好的位置上，如图2-23所示。

图2-22 可燃气体传感器

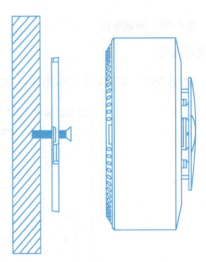

图2-23 安装示意图

2) 检查无误后，插座通电，指示灯先指示设备入网状态，之后指示灯循环闪烁，进行传感器预热，预热2min后灯灭，设备进入正常工作模式。

(3) 安装和使用要求

1) 设备安装在厨房燃气阀门上方，应选择阀门、管道接口、出气口或者易泄漏处附近1m范围内，但不要影响其他设备操作。切勿离火源太近或安装在火源上方。

2) 切勿自行使用未知浓度的气体检验设备，超高浓度气体不仅会缩短设备寿命，而且还会危害人体健康。

3) 设备不得在含有腐蚀性气体（如氯气等）的环境中使用。

(4) 设备入网

1) 在"设备管理"页面右上方单击"+"按钮，进入"添加设备"页面。

2) 单击"可燃气体传感器"图标，如图2-24所示，进入下一级页面。

3) 对ZigBee类设备根据入网动画提示进行相应的操作，若超时未入网，则应重新入网。

4）入网成功后，页面会有提醒，可进行设备名称的修改。

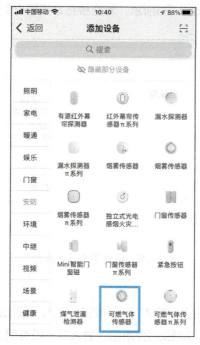

图2-24　添加可燃气体传感器

3．安装机械手

机械手结构示意图如图2-25所示。

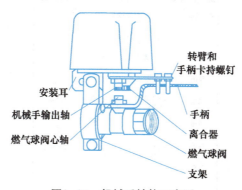

图2-25　机械手结构示意图

（1）安装步骤

1）接线：将机械手安装在阀门上之后同可燃气体传感器进行连接。设备端预留出来的黑线连接机械手的黑线，红线连接机械手的白线（机械手上的卡扣端子需要去掉）。

2）固定安装：将机械手固定在燃气阀门上，机械手上的连接线与可燃气体传感器相连接。

3）将可燃气体传感器固定在设计的位置，通电。

（2）机械手测试

长按手动控制按键3s，如图2-26所示，若连接正常则可看到机械手运动。

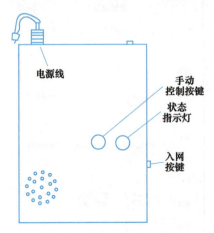

图2-26　机械手测试示意图

（3）设备入网

1）在"设备管理"页面右上方单击"+"按钮，进入"添加设备"页面。

2）单击"机械手"图标，如图2-27所示，进入下一级页面。

3）对ZigBee类设备根据入网动画提示进行相应的操作，若超时未入网，则应重新入网。

4）入网成功后，页面会有提醒，可进行设备名称的修改。

图2-27　添加机械手

1. 烟雾传感器

（1）功能描述

目前烟雾传感器多为光电式烟雾传感器，烟雾进入传感器内部后，烟雾粒子会将部分光束散射到感光元件上，烟雾越浓，散射到感光元件上的光线就越多。当散射到传感器上的光束达到一定程度时，蜂鸣器就会报警，提示用户发生火灾。相较于其他类型烟雾传感器，光电式烟雾传感器具有稳定性高、鉴定灵敏等特点。

（2）功能特点

1）声光自检功能。连续按两下烟雾传感器中间的大按钮，设备会进行声光自检，黄灯常亮，红灯闪烁，蜂鸣器响3声。自检完成后黄灯灭，红灯停止闪烁，蜂鸣器停止蜂鸣。

2）无线联网功能。设备具有连接ZigBee网络功能。当设备处于离网状态时，使用顶针按压下方圆孔3s，然后指示灯灭，松手设备执行入网指令，按压8s设备执行离网指令。

3）烟雾报警功能。当设备所处环境中烟雾浓度过高时，设备会产生声光报警信号，并发送报警信息给主机，向用户报警。

4）故障报警功能。当设备出现故障时，设备会发出和报警信号不同的声光报警信号，并上报报警信息给主机。

5）低电量报警功能。检测到电量较低之后，设备会上报低电量信息给主机，告知用户更换电池。

6）防尘、防虫、抗白光干扰功能。

（3）设备硬件参数

通信方式：ZigBee网络。

通信距离：50~80m（空旷无遮挡）。

灵敏度：2.0±1%FT。

报警声压：80dB（1m处）。

安装方式：吸顶安装。

产品尺寸：ϕ96mm×52mm。

供电方式：2节1.5V 7号干电池。

2. 可燃气体传感器

（1）功能描述

可燃气体传感器用于管道球阀的自动控制，可和各类燃气报警器配套使用。当可燃气体泄漏时，由传感器发出信号关闭可燃气体阀门。

（2）功能特点

1）上电后传感器进入预热状态，时间为2min，绿、红、黄灯依次交替闪烁，这段时间内各项功能均无法实现，预热完成后，绿灯常亮，设备进入正常工作状态。

2）使用顶针，按压下方小圆孔，长按3s，绿灯亮起后，松手，开始入网；在网状态下，长按8s，绿灯亮起后，松手，退网。

3）双击按键进行声光自检，蜂鸣器响4声，红、黄灯交替闪烁4次，完成后蜂鸣器不响，红、黄灯灭。

4）除在预热期以外，设备检测到可燃气体浓度超标后，会发出报警指示，红灯闪烁，蜂鸣器响，关闭阀门。如果设备在网，则还会每隔15s向网关中心上报漏气报警，直到检测不出可燃气体或者手动按键取消报警。手动按键取消报警后，蜂鸣器不再响，红灯保持闪烁。报警期间严禁手动或远程开阀门进行自检。

5）除在预热期以外，设备检测到传感器异常时，也会发出报警指示：黄灯亮起，蜂鸣器响（蜂鸣器响5次，停顿20s，再响5次，如此循环），关闭阀门。如果设备在网，则还会向网关中心上报一条故障报警消息。手动按键取消报警后，蜂鸣器不再响，黄灯保持常亮。直到检测到传感器恢复正常，黄灯熄灭，绿灯亮起，同时上报一条报警取消（恢复正常）协议。故障报警期间本地可以开关阀门，远程不能开阀门。

6）设备具有远程自检功能，可以通过App发送自检指令来实现自检。

7）设备具有控制继电器输出，从而控制电磁阀开关阀门功能。正常状态下，单击按键进行开关阀门操作。

8）设备具有远程开关阀门功能，可以通过App发送开关阀门指令来实现远程开关阀门。

（3）设备硬件参数

产品颜色：白色。

产品材质：阻燃PC。

安装方式：黏贴安装。

产品尺寸：$\phi 96mm \times 52mm$。

工作电压：AC 100~240V。

通信方式：ZigBee网络。

通信距离：80～120m（空旷无遮挡）。

工作温度：-10～55℃。

检测气体类型：天然气（甲烷）。

报警阈值：5%LEL。

报警声压：70dB（1m处）。

3．机械手

（1）功能描述

图2-28 机械手

机械手（见图2-28）用于燃气管道球阀的自动控制、电动和手动开关，配以燃气钢瓶专用球阀，可用于瓶装燃气的自动控制，可和可燃气体传感器连接配套使用，发生燃气泄漏时由传感器发出信号指令，机械手关闭燃气阀门。也适用于其他气体、液体等阀门自控的各种场合。

（2）功能特点

1）适配各类可燃气体传感器。

2）三维可调支架，使机械手能适配多种尺寸和型号的燃气球阀。

3）适用于其他气体、液体阀门自控。

4）用于管道燃气球阀时，无须更改燃气管道原设计配置，新旧燃气管道均适用。

5）配以燃气钢瓶专用球阀，可用于瓶装燃气的自控。

6）绝缘、密封，具有阻燃外壳。

7）抗无线电干扰。

8）燃气泄漏报警时，能够快捷可靠地自动关闭入户总阀，彻底切断气源。

9）使用方便，寿命长。

（3）设备硬件参数

工作温度：-25～85℃。

工作湿度：<95%。

额定电压：DC 12V。

工作电压：DC 8～16V。

额定电流：100mA。

工作电流：20～300mA。

额定功率：1.2W。

工作功率：0.24～3.6W。

阀门压力：1.6MPa。

阀门规格：4分[一]、6分、8分、1吋[二]、1.25吋、1.5吋。

自动关阀时间：6～20s。

电动开阀时间：6～20s。

绝缘电阻：>20MΩ。

耐压：DC 600V。

思考练习

1. 根据所学知识并结合给出的户型图（见图2-29），标记出可以安装智慧家庭安全监测设备的位置，并说明理由。

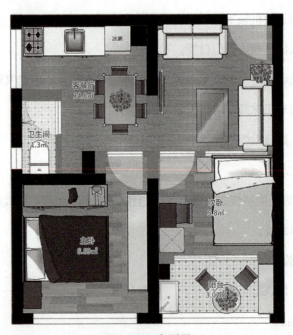

图2-29 户型图

2. 正确模拟安装烟雾传感器、可燃气体传感器及机械手。

[一] 管道直径常用分、吋表示，为英制单位，1英分 = 3.18mm。
[二] 吋即英寸（in），1in = 25.4mm，表示阀门管道直径为25.4mm。

项目2
搭建智慧家庭系统

任务4　搭建智慧家庭安全防护类设备

任务描述

日常生活中，除了前面任务中所提到的生活环境的安全外，我们还会关注自身财产安全。在智慧家庭系统中，安防监控系统是最大的子系统，也是目前普及度最高、应用最广泛的系统之一。在安防监控系统中，门窗传感器可以防止他人非法入侵；红外人体探测器可以探测屋外是否有人；紧急按钮可以向外界发出紧急求救信号。

本任务我们将学习搭建智慧家庭安全防护类设备。

任务目标

- 掌握门窗传感器、红外人体探测器、紧急按钮三款设备的功能参数。
- 掌握安装和调试门窗传感器、红外人体探测器、紧急按钮的方法。

任务实施

1. 安装门窗传感器

门窗传感器结构图及门窗传感器内部结构图分别如图2-30和图2-31所示。开门时设备会上报开门报警数据至主机，关门时会上报关门报警数据至主机，主机再将报警信息推送至用户的手机，以达到实时报警的功能。

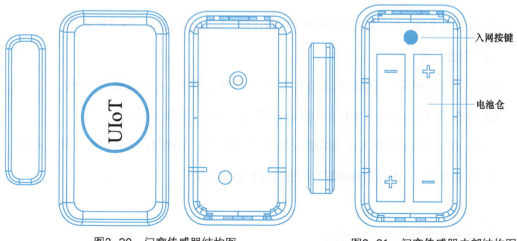

图2-30　门窗传感器结构图　　　　图2-31　门窗传感器内部结构图

（1）准备材料

工具：螺丝刀、斜口钳、剥线钳。

器材：智慧社区实验台、门窗传感器、M4螺钉+螺母若干、M3螺钉+螺母若干、M2螺钉+螺母若干、M3螺柱若干、线材若干、扎带若干。

（2）安装步骤

1）先将门窗传感器的3M胶黏在黏胶区域内，再将门窗传感器设备黏在门边框边沿，如图2-32所示。

2）将磁铁上的3M胶黏在磁铁黏胶区域内，再将磁铁黏在门边框边沿，必须保证磁铁和门窗传感器设备在关门的状态下紧挨着，如图2-33所示。

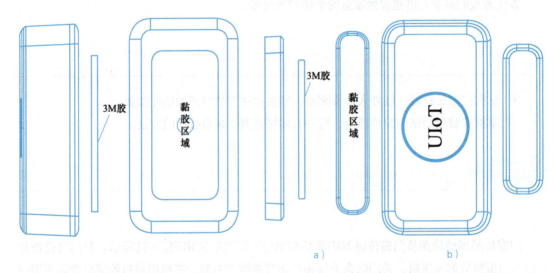

图2-32　设备黏贴1　　　　　　　图2-33　设备黏贴2

a）黏贴磁铁　b）关门状态下紧挨着的设备

3）设备上电后，指示灯闪烁3次表示设备在网，LED不闪烁表示设备离网。

（3）设备入网

1）在"设备管理"页面的右上方单击"+"按钮，进入"添加设备"页面。

2）单击"门窗传感器"图标，如图2-34所示，进入下一级页面。

3）ZigBee类设备根据入网动画提示进行相应的操作，若超时未入网，则应重新入网。

4）入网成功后，页面会有提醒，可进行设备名称的修改。

2. 安装红外人体探测器

红外人体探测器如图2-35所示。

项目2 搭建智慧家庭系统

图2-34 添加门窗传感器　　　　图2-35 红外人体探测器

（1）准备材料

工具：螺丝刀、斜口钳、剥线钳。

器材：智慧社区实验台、红外人体探测器、M4螺钉+螺母若干、M3螺钉+螺母若干、M2螺钉+螺母若干、M3螺柱若干、线材若干、扎带若干。

（2）安装要求

1）物体相对于设备探测窗做横向运动时红外探测灵敏度最高，而纵向运动时灵敏度最差，所以安装时应选择合适的安装位置。

2）设备不要安装在基础不牢固的地方，安装后的设备应不晃动。

3）因设备对空气对流和温度敏感，因此安装的位置应避免靠近冷热源和空气对流大的地方，如，通风口，空调和电暖器旁。

4）设备与防护区域之间不应有障碍物，以免形成探测盲区。

5）设备不能直对荧光灯、类镜面物体。

6）安装高度：2.2~2.5m。

（3）安装步骤

1）按图2-36所示的方向取下电池盖，去掉电池隔离片。

2）找到合适位置将红外人体探测器用M3的螺钉和螺母固定好即可。

（4）设备入网

1）在"设备管理"页面右上方单击"+"按钮，进入"添加设备"页面。

2）单击"红外人体探测器"图标，如图2-37所示，进入下一级页面。

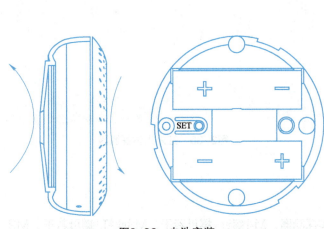

图2-36　电池安装

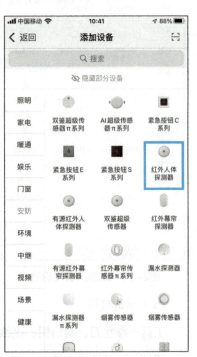

图2-37　添加红外人体探测器

3）ZigBee类设备根据入网动画提示进行相应的操作，若超时未入网，则应重新入网。

4）入网成功后，页面会有提醒，可进行设备名称的修改。

3．安装紧急按钮

紧急按钮如图2-38所示。

（1）准备材料

图2-38　紧急按钮

工具：螺丝刀、斜口钳、剥线钳。

器材：智慧社区实验台、紧急按钮、M4螺钉+螺母若干、M3螺钉+螺母若干、M2螺钉+螺母若干、M3螺柱若干、线材若干、扎带若干。

（2）安装步骤

1）打开紧急按钮后面的电池仓，将2节AAA电池装进电池仓，再将电池仓盖板盖上，如图2-39所示。

2）将3M胶黏贴在紧急按钮上，将紧急按钮贴在需要安装的位置即可，如图2-40所示。

3）设备上电后，指示灯闪烁3次表示设备在网，指示灯不闪烁表示设备离网。

（3）设备入网

1）在"设备管理"页面右上方单击"+"按钮，进入"添加设备"页面。

2）单击"紧急按钮"图标，如图2-41所示进入下一级页面。

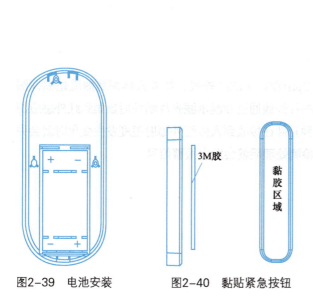

图2-39　电池安装　　　图2-40　黏贴紧急按钮　　　图2-41　添加紧急按钮

3）ZigBee类设备根据入网动画提示进行相应的操作，若超时未入网，则应重新入网。

4）入网成功后，页面会有提醒，可进行设备名称的修改。

1. 门窗传感器

（1）功能描述

门窗传感器可以检测门窗的开关状态，设备入网开启警戒模式后，当有人闯入室内时，门窗传感器感知到门窗被打开，联动安防设备立即报警。

（2）设备硬件参数

产品颜色：白色。

产品材质：阻燃PC。

安装方式：黏贴安装。

产品尺寸：65mm×34mm×19mm。

供电方式：2节1.5V 7号干电池。

通信方式：ZigBee网络。

通信距离：50～80m（空旷无遮挡）。

监测方式：磁吸式感应。

报警方式：智能家居App。

2．红外人体探测器

（1）功能描述

人是恒温动物，会发出特定波长（10μm左右）的红外线，红外人体探测器就是靠探测人体发射的红外线进行工作的。人体发射的红外线通过菲涅尔滤光片增强后聚集到红外感应源上。红外感应源通常采用热释电元件，这种元件在接收到人体红外辐射温度发生变化时就会失去电荷平衡，向外释放电荷，后续电路经检测处理后就会发出报警信号。

（2）设备硬件参数

产品颜色：白色。

产品材质：阻燃PC。

安装方式：侧装/吸顶。

产品尺寸：ϕ75mm×29mm。

工作电压：2节1.5V 7号干电池。

通信方式：ZigBee网络。

通信距离：50～80m。

工作温度：-10～80℃。

探测范围：4.6m×1.2m。

探测角度：120°。

实际安装高度：2.2～2.5m。

3．紧急按钮

（1）功能描述

紧急按钮是用于在发生紧急情况时及时触发报警的装置，一般安装在床头或客厅等容易触摸到的地方。

（2）设备硬件参数

产品颜色：白色。

产品材质：阻燃PC。

安装方式：侧装/水平安装/随身携带。

产品尺寸：93mm×40mm×16mm。

供电方式：2节1.5V 7号干电池。

通信方式：ZigBee网络。

通信距离：50～80m（空旷无遮挡）。

思考练习

根据所学知识并结合所给出的户型图（见图2-42），标记出可以安装智慧家庭安防类设备的位置，并说明理由。

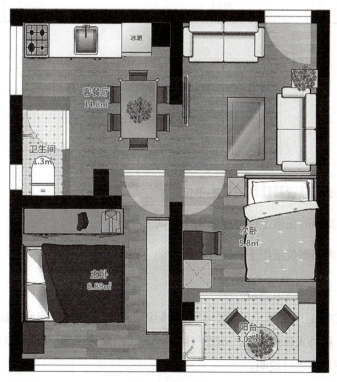

图2-42 户型图

项目评价表

工作任务	考核技能点	评分标准	参考分值	分值
任务1 搭建智慧家庭网络	能安装智慧家庭网关设备	能准确并快速地根据要求安装智慧家庭网关设备，安装固定、牢固、走线清晰明了，并且配置成功	25分	
任务2 搭建智慧家庭环境监测类设备	能安装智慧家庭环境监测类设备	能根据项目需求快速选择并安装智慧家庭环境监测类设备，安装牢固、美观，符合相关行业设备安装标准	25分	
任务3 搭建智慧家庭安全监测类设备	能安装智慧家庭安全监测类设备	能根据项目需求快速选择并安装智慧家庭安全监测类设备，安装牢固、美观，符合相关行业设备安装标准	25分	
任务4 搭建智慧家庭安全防护类设备	能安装智慧家庭安全防护类设备	能根据项目需求快速选择并安装智慧家庭安全防护类设备，安装牢固、美观，符合相关行业设备安装标准	25分	
		总计		

项目习题

一、判断题

1．智慧家庭是构建智慧社区的最小单位。（　　）

2．为保证探测器的正常工作，应周期性测试。（　　）

3．可燃气体传感器仅适用于天然气检测。（　　）

二、操作实践题

请结合所给的家庭户型图（见图2-43），标记出可以安装智慧家庭系统网关、路由器、七合一空气盒子、红外人体探测器、可燃气体传感器、门窗传感器、智能插座、智能开关及灯光控制设备的位置，并进行说明。

项目2
搭建智慧家庭系统

图2-43 家庭户型图

项目总结

项目2 搭建智慧家庭系统
- 任务1 搭建智慧家庭网络
  - 准备材料
  - 安装智慧家庭网关
  - 调试家庭智能服务器
- 任务2 搭建智慧家庭环境监测类设备
  - 准备材料
  - 安装七合一空气盒子
  - 调试七合一空气盒子
- 任务3 搭建智慧家庭安全监测类设备
  - 安装烟雾传感器
  - 安装可燃气体传感器
  - 安装机械手
- 任务4 搭建智慧家庭安全防护类设备
  - 安装门窗传感器
  - 安装红外人体探测器
  - 安装紧急按钮

Project 3
项目 ③
智慧社区环境监测

项目背景

目前市场上用于环境监测的设备种类繁多,功能单一受限,价格较为昂贵,也缺乏及时、有效的通信手段,智慧社区将多种环境监测传感器集于一体,通过物联网进行数据传输,将短信报数与本地报警相结合,通过互联网做到信息实时发布,从而确保社区的安全。

本项目旨在指导学生学会安装部分智慧社区环境监测传感器,并利用其进行数据采集,为后续智慧社区系统集成打好基础。

【知识目标】
- 了解智慧社区风类传感器的功能及主要参数。
- 了解智慧社区温湿度传感器的功能及主要参数。
- 了解智慧社区雨雪传感器的功能及主要参数。

【技能目标】
- 能正确安装风类传感器,并利用其进行数据采集。
- 能正确安装温湿度传感器,并利用其进行数据采集。
- 能正确安装雨雪传感器,并利用其进行数据采集。

【素质目标】
- 逐渐养成认真负责、严谨细致、静心专注、精益求精的职业态度。
- 严格遵守物联网、网络与信息安全相关的法律、法规与职业道德。
- 培养仔细观察、深入分析的职业行为习惯。

- 培养服务意识与不怕累、不怕苦、不怕脏的职业精神。
- 注重专业兴趣，在工作任务中培养爱岗敬业、乐于奉献的职业信念。
- 关注行业新设备、新技术、新动态，勇于提出创新建议，逐步培养职业创新意识。

任务1　采集风类传感器数据

任务描述

过去监测风速、风向一般使用风向袋，这种方法的测量精度较差、自动化程度低，实际使用中极为不便。

在现代的智慧社区中，监测风速、风向通常使用风速、风向类的环境监测传感器设备。通过这些传感器，我们可以及时获取社区环境中的风向、风速等信息。

通过本任务的学习，我们需掌握风向传感器、风速传感器的安装方法并利用二者采集数据。

任务目标

- 了解风向传感器、风速传感器的作用和使用场合。
- 掌握安装风向传感器、风速传感器的方法及二者采集数据的方法。

任务实施

1. 准备材料

工具：螺丝刀、斜口钳、剥线钳。

器材：智能社区实验台、风向传感器、风速传感器、传感器节点、L型角铁支架、M4螺钉+螺母若干、M3螺钉+螺母若干、线材若干。

2. 安装步骤

使用M3螺钉和螺母将传感节点固定在实验台的格板上，如图3-1所示。

项目3
智慧社区环境监测

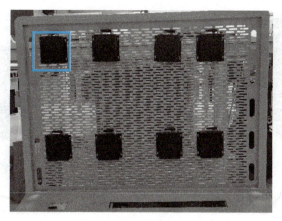

图3-1　固定传感节点

使用L型角铁支架、M3螺钉和螺母将风向传感器固定在格板上，如图3-2所示。

使用L型角铁支架、M3螺钉和螺母将风速传感器固定在格板上，如图3-3所示。

 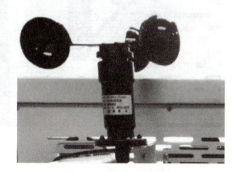

图3-2　固定风向传感器　　　　　　　　图3-3　固定风速传感器

安装电源导线：棕色线接DC 12V，黑色线接GND。安装通信线：绿色线接DATA1，蓝色线接DATA2。使用剥线钳将一体式的4根线上的绝缘胶去掉，如图3-4所示。

使用一字螺丝刀将剥好的线按照图3-5所示接在传感器节点的端子上。将接好的端子插入传感器节点上，如图3-6所示。将DC 12V电源线接入传感器节点，如图3-7所示。电源线从格板上的格孔穿到另外一面，最后将DC 12V电源线的另外一端接在12V电源上，如图3-8所示。安装好后，整体效果如图3-9所示。

图3-4　剥线　　　　　　　　　　　图3-5　传感器节点的端子接线

图3-6 端子插入传感器节点

图3-7 电源线接入传感器节点

图3-8 安装完成

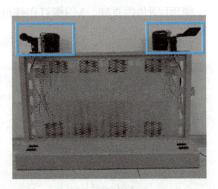
图3-9 整体效果

3．调试数据

下面以调试风向传感器为例进行介绍。

1）节点设置。用485连接线将网关和节点连接，如图3-10所示。

图3-10 连接网关和节点

在网关界面上单击"节点设置"按钮，如图3-11所示。然后单击"连接节点"按钮，识别到节点后选择"选择LORA"（见图3-12），进入"LORA设置"界面。

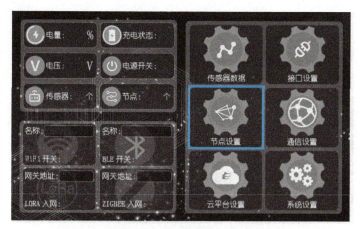

图3-11 "节点设置"界面

图3-12 "连接节点"按钮

在"LORA设置"界面(见图3-13),"通信速率"和"通信信道"系统会自动识别,"选择传感器"选择485传感器,"节点地址"可以自行设置,但要保证不同节点的节点地址不一样。设置完成向右滑动屏幕即可退出设置界面。

图3-13 "LORA设置"界面

2)网关WiFi设置。回到主界面,单击"通信设置"(见图3-14)中的"WiFi设置"按钮(见图3-15)。

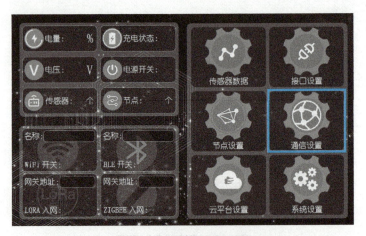

图3-14 "通信设置"界面

图3-15 "WiFi设置"按钮

进入设置界面后,在"STA设置"里录入"WiFi名称"和"WiFi密码",然后单击"连接WiFi"按钮。在"客户端设置"里录入"服务器地址"和"服务器端口"(见图3-16),这里的服务器地址和端口需要在中央控制器终端上面查看。操作如下:

打开1+X物联网软件,如图3-17所示。进入"主页"界面后,单击左上角的菜单按钮(见图3-18),然后选择"设置"(见图3-19)。在"设置"界面里可以看到当前WiFi的IP地址和端口号(见图3-20),将这个IP地址和端口号填到网关的WiFi设置里即可,然后单击"连接服务器"按钮。

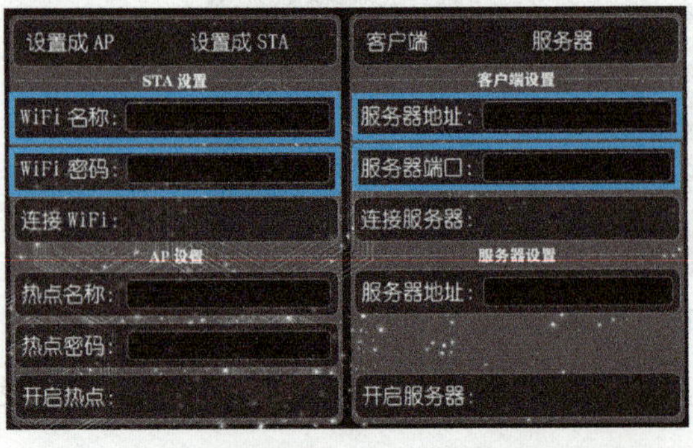

图3-16 "STA设置"和"客户端设置"界面

图3-17 1+X物联网软件

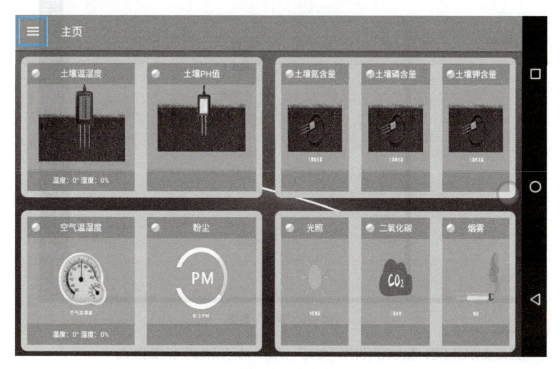

图3-18 主页

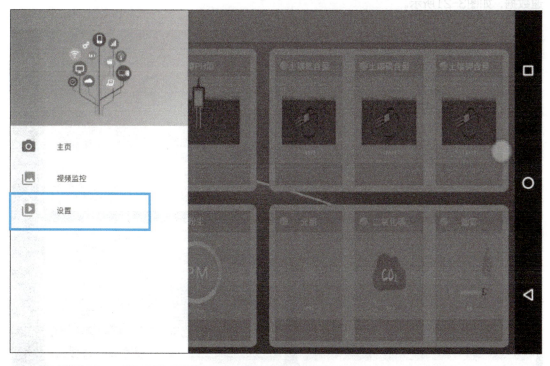

图3-19 选择"设置"

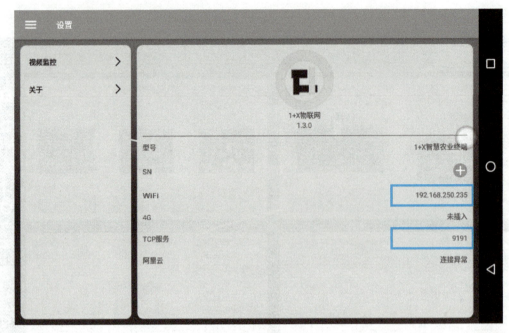

图3-20 "设置"界面

连接成功后回到1+X物联网软件"主页"界面,就可以看到风向数据了。

风速传感器数据调试和风向传感器数据调试类似。在"主页"界面左右滑动便可看到风速数据,如图3-21所示。

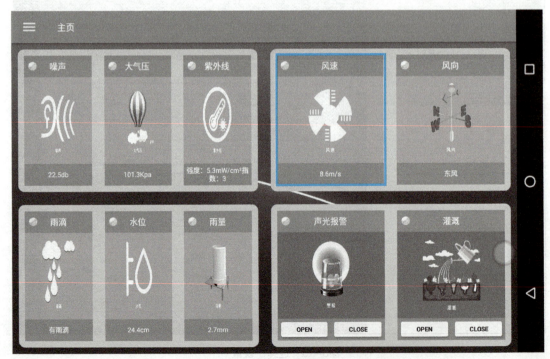

图3-21 风速数据

> **小提示**
>
> 传感器安装注意事项
>
> 传感器节点的数据线DATA1、DATA2线请勿接反。
> 传感器节点电源线请勿接反。
> 传感器节点不要使用超过DC 12V电源进行供电。
> 设备数量过多或布线太长,应就近供电,加485增强器,同时增加120Ω终端电阻。
> 设备安装螺钉尽量以对角进行紧固。
> 布线保持横平竖直,设备布局保持上下对称、左右对齐。
> 安装设备时必须断电。

知识补充

1. 风向传感器

风向传感器(见图3-22),是一种以风向箭头的转动探测、感受外界的风向信息,并将其传递给同轴码盘,同时输出对应风向相关数值的物理装置。风向传感器可测量室外环境中的近地风向,按工作原理不同可分为光电式、电压式和罗盘式等,被广泛应用于农业、林业、水利、电力等领域,通常与风速传感器一起使用。

图3-22 风向传感器

风向传感器主要功能特点包括:具有8个指示方向;防电磁干扰;采用高性能进口轴承,转动阻力小,测量精准;铝合金外壳,机械强度大,硬度高,耐腐蚀,可长期应用于室外;设备结构及质量经过精心设计及分配,转动惯量小,响应灵敏;标准Modbus-RTU通信协议,接入方便。风向传感器尺寸如图3-23所示。

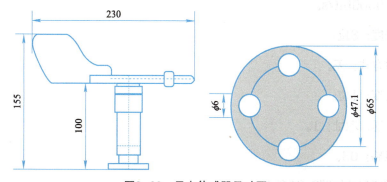

图3-23 风向传感器尺寸图

2. 风速传感器

风速传感器（见图3-24）外形小巧轻便，便于携带和组装；三杯设计理念可以有效获得外部环境信息；壳体采用优质铝合金型材，外部进行电镀喷塑处理，具有良好的防腐、防侵蚀等特点，能够保证仪器长期使用无锈蚀现象；同时配合内部顺滑的轴承系统，确保了信息采集的精确性。风速传感器被广泛应用于温室、气象站、船舶、码头、养殖场等环境的风速测量。

图3-24　风速传感器

风速传感器主要功能特点包括：防电磁干扰；采用底部出线方式，完全杜绝航空插头橡胶垫老化问题，长期使用仍然防水；采用高性能进口轴承，转动阻力小，测量精确；铝合金外壳，机械强度大，硬度高，耐腐蚀，可长期应用于室外；设备结构及质量经过精心设计及分配，转动惯量小，响应灵敏；标准Modbus-RTU通信协议，接入方便。

风速传感器主要参数：

量程：0~60m/s。

分辨率：0.1m/s。

工作电压：DC 12V。

工作温度：-20~60℃。

工作湿度：0~80%。

通信接口：485通信（Modbus-RTU）协议

波特率：9600bit/s。

数据位长度：8位。

奇偶校验方式：无。

停止位长度：1位。

Modbus通信地址：1。

支持功能码：03。

风速传感器尺寸如图3-25所示。

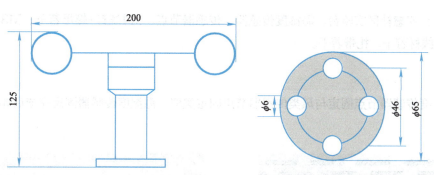

图3-25　风速传感器尺寸图

思考练习

如果想提高风速传感器的精度，应该采用什么方法？

任务2　采集温湿度传感器数据

任务描述

温湿度在人类文明发展进程中很早就被关注了，它与居住环境的舒适度息息相关。利用设备技术准确测量温湿度参数，是智慧社区环境监测管理的核心。

通过本任务的学习，我们需掌握安装温湿度传感器的方法并利用其采集数据。

任务目标

- 了解温湿度传感器的作用。
- 掌握安装温湿度传感器的方法，以及利用温湿度传感器采集数据的方法。

任务实施

1. 准备材料

工具：螺丝刀、斜口钳、剥线钳。

器材：智慧社区实验台、温湿度传感器、传感器节点、M4螺钉+螺母若干、M3螺钉+螺母若干、线材若干、扎带若干。

2. 安装步骤

温湿度传感器节点固定与风类传感器节点固定类似，温湿度传感器固定完成后如图3-26所示。

图3-26　温湿度传感器固定

安装电源导线：棕色线接DC 12V，黑色线接GND。安装通信线：黄色线接DATA1，蓝色线接DATA2。使用剥线钳将一体式的4根线上的绝缘胶去掉。

使用一字螺丝刀将剥好的线接在传感器节点的端子上。将接好的端子插入传感器节点上。将DC 12V电源线接入传感器节点。电源线从格板上的格孔穿到另外一面，最后将DC 12V电源线的另外一端接在12V电源上。安装好后，整体效果如图3-27所示。

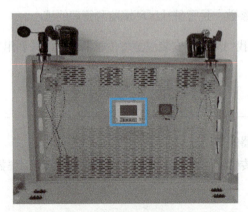

图3-27　温湿度传感器安装完成后的整体效果

3. 调试数据

温湿度传感数据调试方法与风类传感器的基本一致。在"主页"界面左右滑动便可看到温湿度传感器数据，如图3-28所示。

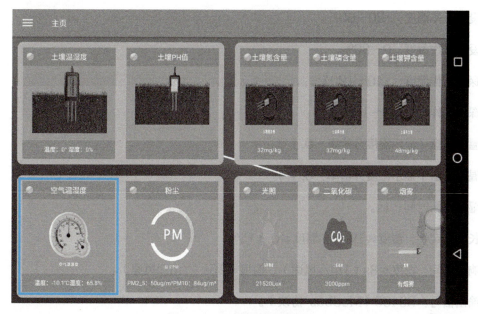

图3-28 温湿度传感器数据

> 知识补充

温湿度盒子（见图3-29）为带屏幕液晶显示的工业级485型温湿度传感器，采用嵌入式设计，具有自动温湿度测量显示、温湿度上下限报警、温湿度校准、RS485通信等功能，广泛应用于冷链物流、食品药品、生物制品、特殊仓储、电子化工、卫生医疗等领域，以进行24h温湿度监测。

图3-29 温湿度盒子

温湿度盒子采用高灵敏度数字探头，信号稳定，精度高，具有测量范围广、线形度好、使用方便、便于安装、传输距离远等特点。温湿度上下限双重控制，自由设置限值，可以实现高低温度报警与高低湿度报警并实时显示温湿度。支持液晶按键设置，具有锁屏功能防止误操作，全部的参数均可使用按键设置。

温湿度传感器主要参数：

供电（默认）：DC 10~30V。

最大功耗：0.4W。

精度（湿度）：±3%（60%，25℃）。

精度（温度）：±0.5℃（25℃）。

设备工作温度：-20～60℃。

设备工作湿度：0～80%。

探头工作温度：-40～120℃。

探头工作湿度：0～100%。

温湿度盒子显示温度分辨率：0.1℃。

温湿度盒子显示湿度分辨率：0.1%。

湿度刷新时间：1s。

长期稳定性：湿度≤1%/y，温度≤0.1℃/y。

响应时间：湿度≤8s（1m/s风速），温度≤25s（1m/s风速）。

输出信号：RS485（Modbus 协议）。

安装方式：壁挂式。

思考练习

试比较一下，在智能家居中用的温湿度传感器和智慧社区中用的传感器的差别。

任务3　采集雨雪传感器数据

任务描述

雨雪是常见的自然现象，对人们的出行会产生一定影响。虽然有天气预报提供信息，但是人们对于天气信息的精准度要求越来越高。

雨雪传感器是用于测量室外降雨、降雪的定性测量设备。传感器上方采用栅电极，利用水的导电性，当有雨水落到感应区间上时，会造成电极短路，这样设备就能监测到下雨。传感器具有自动加热功能，在下雪、气温长期低于0℃及高湿环境下，可防止结冰结露，且加热温度可设置。

在本任务中，我们需掌握安装雨雪传感器的方法并利用其采集数据。

> **任务目标**

- 了解雨雪传感器的作用。
- 掌握安装雨雪传感器的方法,以及利用雨雪传感器采集数据的方法。

> **任务实施**

1. 准备材料

工具:螺丝刀、斜口钳、剥线钳。

器材:智慧社区实验台、雨雪传感器、传感器节点、M4螺钉+螺母若干、M3螺钉+螺母若干、线材若干、扎带若干。

2. 安装步骤

雨雪传感器节点固定与风类传感器节点固定类似,固定完成图如图3-30所示。

安装电源导线:棕色线接DC 12V,黑色线接GND。安装通信线:黄色线接DATA1,蓝色线接DATA2。使用剥线钳将一体式的4根线上的绝缘胶去掉。

图3-30 雨雪传感器固定

使用一字螺丝刀将剥好的线接在传感器节点的端子上。将接好的端子插入传感器节点上。将DC 12V电源线接入传感器节点。电源线从格板上的格孔穿到另外一面,最后将DC 12V电源线的另外一端接在12V电源上。安装好后,整体效果如图3-31所示。

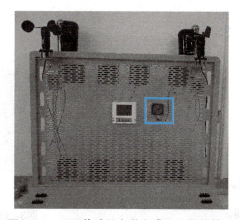

图3-31 雨雪传感器安装完成后的整体效果

3. 调试数据

雨雪传感器数据调试方法与风类传感器的基本一致。在"主页"界面左右滑动便可看到雨雪传感器数据，如图3-32所示。

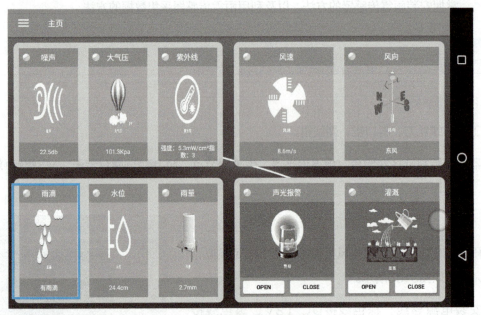

图3-32 雨雪传感器数据

雨雪传感器主要用来检测自然界中是否出现了降雨或者降雪。其采用交流阻抗测量方式，可以有效避免电极发生氧化电解，极大地提高寿命。还可以选配加热功能，当检测到气温低时，自动启用加热功能，提高测量效率。雨雪传感器测量结果精准，安全可靠，外观美观，安装方便。

雨雪传感器尺寸如图3-33所示。

主要参数：

工作电压：DC 12V。

工作功率：0.4W。

工作温度：<15℃。

支持功能码：03、06。

输出型号：485继电器。

默认Modbus地址：01。

图3-33 雨雪传感器尺寸图

通信协议：RS485（Modbus协议）。

雨雪传感器是一个开关量传感器，只能知晓当前是否有雨雪，如果想知道当前雨雪量的大小，则该使用什么传感器？

项目评价表

工作任务	考核技能点	评分标准	参考分值	分值
任务1 采集风类传感器数据	能安装风向传感器	能准确并快速地根据要求安装风向传感器，安装牢固，走线清晰明了，并能获取相关数据	25分	
	能安装风速传感器	能准确并快速地根据要求安装风速传感器，安装牢固，走线清晰明了，并能获取相关数据	25分	
任务2 采集温湿度传感器数据	能安装温湿度传感器	能准确并快速地根据要求安装温湿度传感器，安装牢固，走线清晰明了，并能获取相关数据	25分	
任务3 采集雨雪传感器数据	能安装雨雪传感器	能准确并快速地根据要求安装雨雪传感器，安装牢固，走线清晰明了，并能获取相关数据	25分	
总计				

项目习题

一、判断题

1．风向传感器有8个指示方向。　　　　　　　　　　　　　　（　　）

2．常用的风速传感器量程为0～90m/s。　　　　　　　　　　（　　）

3．温湿度盒子的最大功耗为0.4W。　　　　　　　　　　　　（　　）

二、单选题

1．雨雪传感器采用（   ）方式。

　　A．组合测量　　　　B．直接测量　　　　C．间接测量　　　　D．交流阻抗测量

2．雨雪传感器是（   ）传感器。

　　A．模拟量　　　　　B．开关量　　　　　C．数字量　　　　　D．以上都不是

三、操作实践题

完成智慧社区环境监测采集项目的联合调试，请使用风向传感器、风速传感器、温湿度传感器、雨雪传感器来组建环境监测采集项目，按照安装标准调试完成后，采集所有传感器的数据。

项目总结

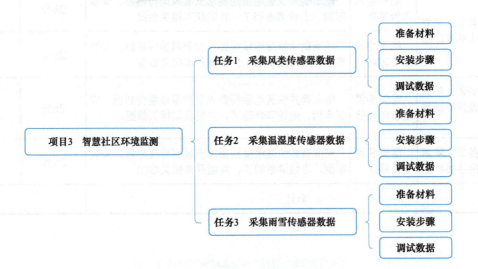

Project 4

项目 ④ 智慧社区安全监控

项目背景

智慧社区安防系统利用物联网、大数据、人工智能、位置信息服务等技术，精确把握社区内人、财、物的信息，将住户、租户、商户实现数据化标签，把流动人口纳入安防管控体系，并依据定位功能实现行为轨迹信息的分析，对可能存在的安全威胁进行提前感知和实时探知。社区安防体系自动对进入社区的人员进行人像抓拍，并与留存的白名单进行比对分析，预警风险，并提醒社区工作人员上门核实，验证真实信息。

对于社区孤寡老人、小孩、残疾人等重点看护人员，安防系统可以根据进出门记录和时间，智能分析及判断，提醒工作人员远程呼叫或上门查看。

本项目旨在指导学生学会安装各类智慧社区安全监控设备，学习接线安装操作，为后续智慧社区系统集成打好基础。

【知识目标】
- 了解智慧社区监控有毒有害气体类设备的功能及设备参数。
- 了解智慧社区安防监控设备的功能及设备参数。
- 了解智慧社区电力监控设备的功能及设备参数。

【技能目标】
- 能正确安装、调试监控有毒有害气体类设备。
- 能正确安装、调试安防监控设备。
- 能正确安装、调试电力监控设备。

【素质目标】
- 逐渐养成认真负责、严谨细致、静心专注、精益求精的职业态度。

- 严格遵守物联网、网络与信息安全相关的法律、法规与职业道德。
- 培养仔细观察、深入分析的职业行为习惯。
- 培养服务意识与不怕累、不怕苦、不怕脏的职业精神。
- 注重专业兴趣，在工作任务中培养爱岗敬业、乐于奉献的职业信念。
- 关注行业新设备、新技术、新动态，勇于提出创新建议，逐步培养职业创新意识。

任务1　监控有毒有害气体

任务描述

常见有毒有害气体按其毒害性质不同，可分为：

刺激性气体——是指对眼和呼吸道黏膜有刺激作用的气体。它是化学工业常遇到的有毒气体，种类很多，最常见的有氯气、氨气、氮氧化物、光气、氟化氢、二氧化硫、三氧化硫和硫酸二甲酯等。

窒息性气体——是指能造成机体缺氧的气体，如氮气、甲烷、乙烷、乙烯、一氧化碳、硝基苯的蒸气、氰化氢、硫化氢等。窒息性气体可分为单纯窒息性气体、血液窒息性气体和细胞窒息性气体。

有毒有害气体的主要预防措施是加强通风，严格按安全操作规章作业，加强宣传教育，普及急救和预防知识，做好岗前及定期体检的健康监护工作。

在本任务中，我们需掌握烟雾传感器、火灾报警按钮、声光报警器的安装方法。

任务目标

- 了解烟雾传感器、火灾报警按钮、声光报警器的作用和使用场合。
- 掌握安装和调试烟雾传感器、火灾报警按钮、声光报警器的方法。

任务实施

1. 安装烟雾传感器

（1）准备材料

工具：螺丝刀、斜口钳、剥线钳。

器材：智慧社区实验台、烟雾传感器、传感器节点、M4螺钉+螺母若干、M3螺钉+螺母若干、线材若干、扎带若干。

（2）安装步骤

烟雾传感器节点固定与风类传感器类似，固定完成图如图4-1所示。

图4-1 烟雾传感器固定

安装电源导线：棕色线接DC 12V，黑色线接GND。安装通信线：黄色线接DATA1，蓝色线接DATA2。使用剥线钳将一体式的4根线上的绝缘胶去掉。

使用一字螺丝刀将剥好的线接在传感器节点的端子上。将接好的端子插入传感器节点上，将DC 12V电源线接入传感器节点。将电源线从格板上的格孔穿到另外一面，最后将DC 12V电源线的另外一端接在12V电源上，安装完成后的整体效果如图4-2所示。

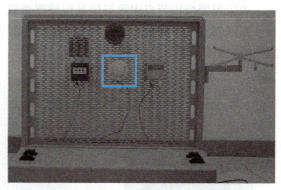

图4-2 烟雾传感器安装完成后的整体效果

（3）调试数据

烟雾传感器数据调试方法与风类传感器基本一致。在"主页"界面左右滑动便可看到烟雾传感器的数据，如图4-3所示。

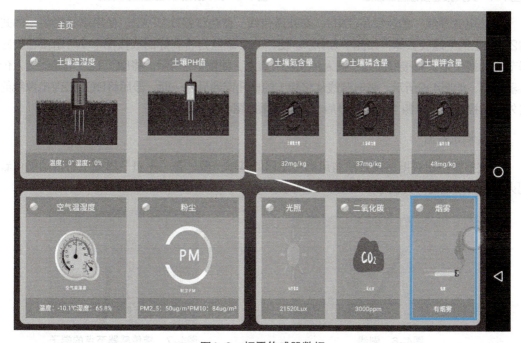

图4-3 烟雾传感器数据

2. 安装火灾报警按钮

(1) 准备材料

工具：螺丝刀、尖嘴钳。

器材：智慧社区实验台、火灾报警按钮、M4螺钉+螺母若干、M3螺钉+螺母若干、M2螺钉+螺母若干、线材若干、扎带若干。

(2) 安装步骤

火灾报警按钮节点固定与风类传感器类似，确定好安装位置后将火灾报警按钮顶壳打开，底部放置在安装面板上（见图4-4），用M3螺钉和螺母将其固定到面板上即可。固定完成图如图4-5所示。

图4-4　火灾报警按钮底部固定

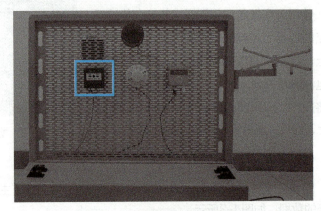

图4-5　火灾报警按钮固定完成图

安装电源导线：黑色线接GND。安装通信线：蓝色线接DATA2。使用剥线钳将一体式的2根线上的绝缘胶去掉，如图4-6所示。使用一字螺丝刀将剥好的线按图4-7所示接在传感器节点的端子上。将接好的端子插入传感器节点上，如图4-8所示。将DC 12V电源线接入传感器节点，如图4-9所示。将电源线从格板上的格孔穿到另外一面，最后将DC 12V电源线的另外一端接在12V电源上。安装好后，整体效果如图4-10所示。

(3) 调试数据

火灾报警按钮数据调试方法与风类传感器的基本一致。在"主页"界面左右滑动便可看到火灾报警按钮的开关状态，如图4-11所示。

图4-6　剥线

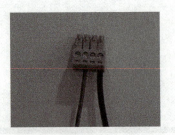

图4-7　接传感器节点的端子

项目4
智慧社区安全监控

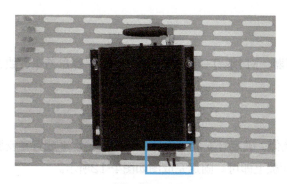

图4-8 插入传感器节点

图4-9 电源线接入传感器节点

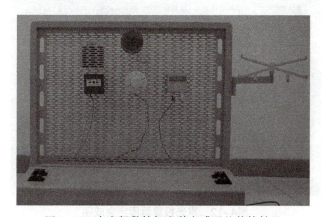

图4-10 火灾报警按钮安装完成后的整体效果

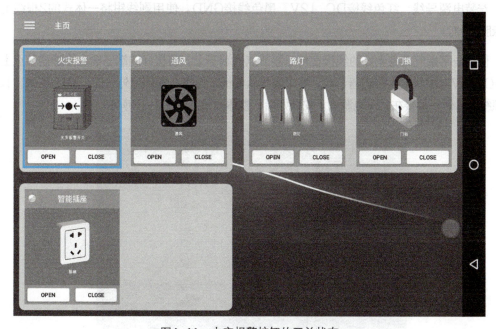

图4-11 火灾报警按钮的开关状态

3. 安装声光报警器

（1）准备材料

工具：螺丝刀、尖嘴钳。

器材：智慧社区实验台、声光报警器、M4螺钉+螺母若干、M3螺钉+螺母若干、线材若干、扎带若干。

（2）安装步骤

声光报警器节点固定与风类传感器类似，确定好安装位置后，将报警器水平放置在安装面板上，用M3的螺钉和螺母将其固定到面板上即可。固定完成图如图4-12所示。

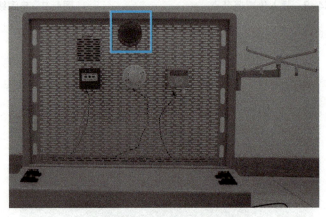

图4-12　声光报警器固定完成图

安装电源导线：红色线接DC 12V，黑色线接GND。使用剥线钳将一体式的2根线上的绝缘胶去掉。

使用一字螺丝刀将剥好的线接在传感器节点的端子上。将接好的端子插入传感器节点上。将DC 12V电源线接入传感器节点。将电源线从格板上的格孔穿到另外一面，最后将DC 12V电源线的另外一端接在12V电源上。安装好后，整体效果图如图4-13所示。

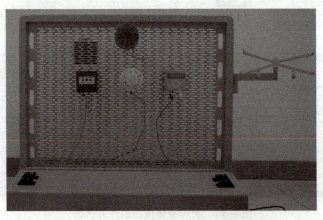

图4-13　声光报警器安装完成后的整体效果

（3）调试数据

声光报警器数据调试方法与风类传感器的基本一致。在"主页"界面左右滑动便可看到声光报警器的开关状态，如图4-14所示。

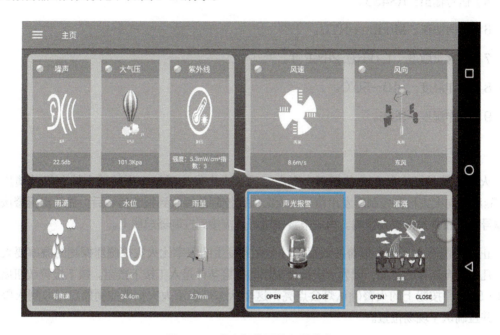

图4-14 声光报警器的开关状态

1. 烟雾传感器

光电式火灾烟雾探测传感器通过性能优良的光电探测器来检测火灾产生的烟雾进而进行火灾报警。相较于其他火灾烟雾检测的方式，光电式检测具有稳定度高、鉴定灵敏等特点。传感器内置指示灯与蜂鸣器，预警后可以发出强烈声响。同时传感器采用标准的485信号输出，支持标准的Modbus-RTU协议。

（1）功能特点

光电式火灾烟雾探测传感器检测结果精准，工作稳定，外形美观，安装简单，无须调试，可广泛应用于商场、宾馆、仓库、机房、住宅等场所进行火灾安全检测。

（2）设备参数

1）供电电源：DC 10～30V。

2）静态功耗：0.12W。

3）报警功耗：0.7W。

4）报警声响：≥80dB。

5）信号输出：RS485。

6）通信协议：Modbus-RTU。

7）烟雾灵敏度：1.06±0.26%F T。

8）工作温度：-10～50℃。

9）工作湿度：95%。

2. 火灾报警按钮

火灾报警按钮安装在公共场所，当人工确认火灾发生后按下报警器上的有机玻璃片，3～5s后可向火灾报警控制器发出信号，火灾报警控制器接收到报警信号后，显示出报警按钮的编号或位置并发出报警音响。火灾报警按钮可直接接到控制器总线上。

正常情况下，当火灾报警按钮报警时，火灾发生的概率比火灾探测器探测的概率要大得多，几乎没有误报的可能，因为火灾报警按钮的报警条件是人工按下按钮。按下报警按钮后，过3～5s报警按钮上的火警确认灯会点亮，这个状态灯表示火灾报警控制器已经收到火警信号，并且确认了现场位置。

（1）功能特点

1）采用拔插式结构设计，安装简单方便。

2）采用无极性信号二总线，其地址编码可由手持电子编码器在1～242之间任意设定。

3）有机玻璃片按下后可用专用工具复位。

4）按下玻璃片，可由按钮提供无源输出触点信号，能直接控制其他外部设备。

（2）设备参数

1）工作电压：总线24V。

2）监视电流：≤0.6mA。

3）动作电流：≤1.8mA。

4）线制：与控制器无极性信号二总线连接。

5）无源输出触点容量：DC 60V/100mA。

6）工作温度：-10～55℃。

7）工作湿度：≤95%，不结露。

8）外壳防护等级：IP43。

9)外形尺寸:90mm×122mm×48.5mm(带底壳)。

3.声光报警器

声光报警器是一种用在危险场所通过声音和各种光来向人们发出示警信号的装置,如图4-15所示。防爆声光报警器适用于安装在含有ⅡC级T6温度组别的爆炸性气体环境场所,还可用于石油、化工等行业具有防爆要求的1区及2区防爆场所,也可以在露天、室外环境使用。非编码型声光报警器可以和火灾报警控制器配套使用。当生产现场发生火灾等紧急情况时,火灾报警控制器发送来的控制信号启动声光报警器,使其发出声和光报警信号,完成报警。非编码型声光报警器也可同火灾报警按钮配合使用,达到简单的声、光报警目的。

图4-15 声光报警器

(1)功能特点

1)可以发出声光。

2)可以和其他安防内设备进行联动控制,下发控制指令让报警器报警。

(2)设备参数

1)产品尺寸:94mm×178mm。

2)产品功率:10W。

3)额定电压:DC 12V。

4)工作温度:-25~55℃。

5)工作湿度:<90%。

如果使用烟雾传感器、火灾报警按钮、声光报警器组成火灾报警系统,则该如何集成?

任务2 监控智能安防系统

在现今城市安全管理中,智能安防系统用于城市安全、公共场所秩序维护等,是集传感技术、无线电技术、模糊控制技术等多种技术为一体的综合应用,利用宽带信息网络和无线电网络平台，将监视监测、声光报警、安全防范等集为一体。

在本任务中，我们需掌握摄像头、人体红外传感器、红外对射传感器的安装方法。

任务目标

- 了解智能安防系统概念。
- 能列举常见智能安防系统中的设备。
- 了解摄像头、人体红外传感器、红外对射传感器的作用。
- 掌握安装摄像头、人体红外传感器、红外对射传感器的方法。

任务实施

1. 安装摄像头

（1）准备材料

工具：螺丝刀。

器材：智慧社区实验台、摄像头、电源适配器、Micro SD卡、底座配件、M4螺钉+螺母若干、M3螺钉+螺母若干、线材若干、扎带若干。

（2）安装步骤

使用2套M3螺钉、螺母将摄像头底座安装在格板上，如图4-16所示。将网线插在图4-17所示的摄像头的网口中，将电源适配器接入图4-18所示的摄像头的电源接口。

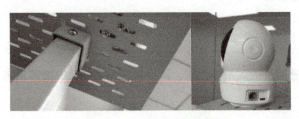

图4-16　安装摄像头底座

图4-17　摄像头网口

图4-18　摄像头电源接口

手机下载"萤石云视频"客户端，在客户端注册并登录后，在图4-19所示页面中，将摄像头添加到客户端，以后便可通过手机查看监控内容。

图4-19 "添加设备"按钮

摄像头指示灯含义如下：

红色常亮：启动中。

蓝色慢闪：正常工作。

红色慢闪：网络中断。

蓝色快闪：配网模式。

红色快闪：设备故障。

Micro SD卡：向上转动球体，插入Micro SD卡，登录"萤石云视频"客户端初始化后再使用。

REST键：长按5s，设备重启并恢复出厂设置。

2．安装人体红外传感器

（1）准备材料

工具：螺丝刀、斜口钳、剥线钳。

器材：智慧社区实验台、人体红外传感器、传感器节点、M4螺钉+螺母若干、M3螺钉+螺母若干、线材若干、扎带若干。

（2）安装步骤

人体红外传感器节点固定与风类传感器类似，固定完成图如图4-20所示。

安装电源导线：棕色线接DC 12V，黑色线接GND。安装通信线：黄色线接DATA1，蓝色线接DATA2。使用剥线钳将一体式的4根线上的绝缘胶去掉。

图4-20　人体红外传感器固定

使用一字螺丝刀将剥好的线接在传感器节点的端子上。将接好的端子插入传感器节点上。将DC 12V电源线接入传感器节点。电源线从格板上的格孔穿到另外一面，最后将DC 12V电源线的另外一端接在12V电源上。安装好后，整体效果如图4-21所示。

（3）调试数据

人体红外传感器数据调试方法与风类传感器的基本一致。在"主页"界面左右滑动便可看到人体红外传感器的状态了，如图4-22所示。

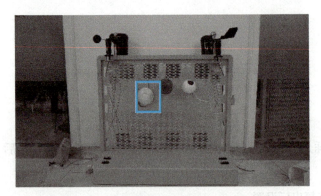

图4-21　人体红外传感器安装完成后的整体效果　　图4-22　人体红外传感器状态

3．安装红外对射传感器

（1）准备材料

工具：螺丝刀、尖嘴钳。

项目4 智慧社区安全监控

器材：智慧社区实验台、红外对射传感器（见图4-23）、M4螺钉+螺母若干、M3螺钉+螺母若干、线材若干、扎带若干。

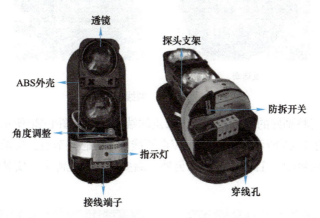

图4-23 红外对射传感器

（2）安装要求

1）安装时，尽可能地将红外对射传感器的受光器安装在靠近智能主机的方向。

2）由于红外对射传感器为无线产品，出于对通信距离因素的考虑，用户应根据使用现场实际调试情况来决定是否使用无线中继器。

3）受光器内部安装有无线通信模块，用户不能随意更改模块跟受光器之间的接线顺序，否则会损坏设备。

（3）安装步骤

红外对射传感器节点固定与风类传感器类似，固定完成图如图4-24所示。

图4-24 红外对射传感器固定

安装发送端电源导线：红色线接DC 12V、黑色线接GND。安装接收端电源导线：红色线接DC 12V、黑色线接GND。安装通信线：另一根黑色线接在第二口与第三口，绿色线接第五口。

使用剥线钳将一体式的4根线上的绝缘胶去掉，如图4-25所示。

发送端　　　　　　　　　　　　接收端

图4-25　剥线

使用一字螺丝刀将剥好的线接在传感器节点的端子上，如图4-26所示。将接好的端子插入传感器节点，如图4-27所示。将DC 12V电源线接入传感器节点。电源线从格板上的格孔穿到另外一面，最后将DC 12V电源线的另外一端接在12V电源上。安装好后，整体效果如图4-28所示。

发送端　　　　　　　　　　　　接收端

图4-26　传感器节点的端子接线

发送端　　　　　　　　　　　　接收端

图4-27　端子插入传感器节点

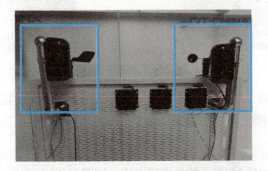

图4-28　红外对射传感器安装完成后的整体效果

（4）调试数据

红外对射传感器数据调试方法与风类传感器的基本一致。在"主页"界面左右滑动便可看到红外对射传感器的状态了，如图4-29所示。

图4-29 红外对射传感器状态

1. 摄像头

摄像头是一种视频输入设备，属于闭路电视的一种，被广泛应用于视频会议、远程医疗及实时监控等方面。

摄像头一般具有视频摄影、传播和静态图像捕捉等基本功能。其工作原理为镜头采集图像后，摄像头内的感光组件电路及控制组件对图像进行处理并转换成计算机所能识别的数字信号，然后通过并行端口或USB连接输入到计算机，最后由软件进行图像还原，从而形成画面。

（1）功能特点

摄像头支持无线/有线网络，分辨率为1080P，内存容量为16GB，可360°旋转，具备自动跟踪系统，适用于家庭安防监控、农场监控等。

（2）设备参数

1）工作电压：配有专用适配器。

2）内存容量：16GB。

3）分辨率：1080P。

4）焦距：4mm。

2. 人体红外传感器

高稳定性人体红外传感器采用先进的信号分析处理技术，具有超高的探测和防误报性能。

当有入侵者通过探测区域时，人体红外传感器将自动探测区域内人体的活动。如有动态移动现象，则会进行报警，适用于家庭、厂房、商场、写字楼等场所的安全防范。

（1）功能特点

采用8bit低功耗CMOS处理器，报警延时输出可调。

（2）设备参数

1）供电电源：12V电源适配器。

2）功耗：0.4W。

3）传感器类型：数字热释红外传感器。

4）报警延时：2～60s输出可调。

5）安装方式：吸顶。

6）安装高度：2.5～6m。

7）探测范围：直径6m（安装高度为3.6m时）。

8）探测角度：扇形探测120°。

9）信号输出：RS485（Modbus-RTU）。

10）工作温度：-40～125℃。

11）工作湿度：≤95%。

3．红外对射传感器

红外对射传感器是主动红外对射的一种，采用多束红外光对射，发射器向接收器以"低频发射、时分检测"的方式发出红外光，当有人员或物体挡住发射器发出的任何相邻两束以上光线超过30ms时，接收器立即发送报警信号；当有人员或物体挡住其中一束光线时，报警器不会发送报警信号。

（1）功能特点

1）通过红外线技术检测入侵。

2）通过无线传输将入侵信号发送给主机，然后报告给App，告知用户有入侵发生。

（2）设备参数

1）产品尺寸：171mm×80mm×77mm。

2）额定电压：DC 12V。

3）工作温度：-25～55℃。

4）工作湿度：<90%。

5）光束数：2束。

6）检测方式：2光束同时遮断检知式。

7）感应速度：50～700m/s。

8）光源：红外数字脉动式。

9）光轴调整角度（水平）：180°±90°。

10）光轴调整角度（垂直）：20°±10°。

思考练习

除了摄像头、人体红外传感器、红外对射传感器之外，还有哪些常用的智能安防设备？

任务3　监控智能电力系统

任务描述

　　智慧社区对供配电系统的可靠性、安全性、实时性、易用性、兼容性及缩小故障影响范围提出了更高的要求。家庭用电监控系统可对用户的家庭用电进行监视和控制，可实时查询、在线监控、灵活配置，可操作性强，实现了居民家庭用电的智能化。用户可以实时监测用电信息，管理用电量。电力零售商可以根据用户的需求灵活地制定分时电价，推动电力市场价格体系的改革。配电公司能够更加迅速地检测故障，并及时响应强化电力网络控制和管理。

　　在本任务中，我们需学会智能电表、底盒、插座面板的安装方法。

任务目标

- 了解智能电力监控的构成和对家庭用户、社区、电力公司的意义。
- 掌握安装智能电表、底盒、插座面板的方法。

任务实施

1．安装智能电表

（1）准备材料

工具：螺丝刀、斜口钳、剥线钳。

器材：智慧社区实验台、智能电表（见图4-30）、传感器节点、M4螺钉+螺母若干、M3螺钉+螺母若干、线材若干。

（2）安装步骤

智能电表节点固定与风类传感器类似。

安装电源导线：红色线接DC 12V，黑色线接GND。安装通信线：绿色线接DATA1，蓝色线接DATA2。使用剥线钳将一体式的4根线上的绝缘胶去掉。

电表出厂就会组装好，安装时只需要将通信线接到节点上面就可以了。

使用一字螺丝刀将剥好的线接在传感器节点的端子上，如图4-31所示。将接好的端子插入传感器节点上，将DC 12V电源线接入传感器节点。电源线从格板上的格孔穿到另外一面，最后将DC 12V电源线的另外一端接在12V电源上。

（3）调试数据

智能电表数据调试方法与风类传感器的基本一致。在"主页"界面左右滑动便可看到智能电表数据，如图4-32所示。

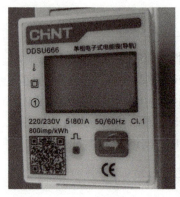
图4-30　智能电表

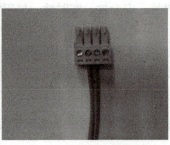
图4-31　传感器节点的端子接线

图4-32　智能电表数据

2．安装底盒

（1）准备材料

工具：螺丝刀、斜口钳。

器材：智慧社区实验台、底盒、传感器节点、M4螺钉+螺母若干、M3螺钉+螺母若干、线材若干。

（2）安装步骤

使用2套M3螺钉和螺母将底盒固定在实验台的格板上，建议对角紧固，如图4-33所示。

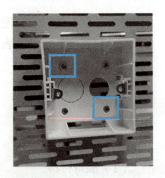
图4-33　安装底盒

3. 安装插座面板

（1）准备材料

工具：螺丝刀、斜口钳、剥线钳。

器材：智慧社区实验台、插座面板、传感器节点、M4螺钉+螺母若干、M3螺钉+螺母若干、线材若干。

（2）安装步骤

插座面板节点固定与风类传感器类似，固定完成图如图4-34所示。

安装电源导线：红色线接DC 12V，黑色线接GND，如图4-35所示。

使用剥线钳将一体式的2根线上的绝缘胶去掉，如图4-36所示。

图4-34 固定插座面板　　　图4-35 插座面板接线　　　图4-36 剥线

使用一字螺丝刀将剥好的线接在传感器节点的端子上，如图4-37所示。将接好的端子插入传感器节点上，将DC 12V电源线接入传感器节点。电源线从格板上的格孔穿到另外一面，最后将DC 12V电源线的另外一端接在12V电源上，安装完成后整体效果如图4-38所示。

图4-37 传感器节点的端子接线　　　图4-38 插座面板安装完成后的整体效果

（3）调试数据

底盒与插座面板共同组成了智能插座。智能插座数据调试方法与风类传感器的基本一致。在"主页"界面左右滑动便可看到智能插座的状态了，如图4-39所示。

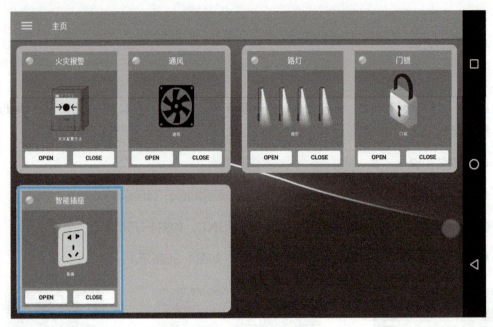

图4-39　智能插座的状态

知识补充

1. 智能电表

智能电表是智能电网（特别是智能配电网）数据采集的基本设备之一，承担着原始电能数据采集、计量和传输的任务，是实现信息集成、分析优化和信息展现的基础。智能电表除了具备传统电表基本用电量的计量功能外，为了适应智能电网和新能源的使用，它还具有双向多种费率计量功能、用户端控制功能、多种数据传输模式的双向数据通信功能、防窃电功能等智能化的功能。

在智能电表基础上构建的高级量测体系、自动抄表系统能为用户提供更加详细的用电信息，使用户可以更好地管理用电量，以达到节省电费和减少温室气体排放的目标。电力零售商可以根据用户的需求灵活地制定分时电价，推动电力市场价格体系的改革。配电公司能够更加迅速地检测故障，并及时响应强化电力网络控制和管理。

（1）功能特点

1）可靠性：精度长时间不变，无须轮校，无安装及运输影响等。

2）准确度：宽量程，宽功率因数，启动灵敏等。

（2）功能

1）报警提示：当剩余电量小于报警电量时，电表常显示剩余电量提醒用户购电；当表中剩余电量等于报警电量时，跳闸断电一次，用户需插入IC卡，才可恢复供电，用户此时应及时购电。

2）数据保护：数据保护采用全固态集成电路技术，断电后数据可保持10年以上。

3）自动断电：当电表中剩余电量为零时，电表自动跳闸，中断供电，用户此时应及时购电。

4）回写功能：电卡可将用户的累计用电量、剩余电量、过零电量回写到售电系统中便于管理部门的统计管理。

5）用户抽检功能：售电软件可提供数据抽检用电量服务并根据要求提供优先抽检的用户序列。

6）电量查询：插入IC卡依次显示总购电量、购电次数、上次购电量、累计用电量、剩余电量。

7）过压保护：当实际用电负荷超过设定值时，电表自动断电，插入IC卡，恢复供电。

2．底盒

底盒一般为86盒，与插座面板共同组成接线盒。底盒基本上都是一样的，不同品牌的插座面板样式各有不同，但都可以装在同一规格的86盒里。底盒具有以下特点：

（1）通用性强

除非特殊要求，电路安装基本上都用86底盒。

（2）高质量的螺口

86底盒的螺口设计有一定上下活动空间，即使插座面板安装上略有倾斜，也能顺利地固定在86底盒上。

（3）较大的内部空间

86底盒内部空间大，能减少电线缠结，利于散热。

3．插座面板

插座面板根据外形尺寸分为86型、118型和120型三种。

（1）86型

86型插座面板的尺寸是86mm×86mm×16.5mm，安装孔中心距是60.3mm，现在很多地区都使用86型的插座面板。其安装方便、简洁美观。

（2）118型

118型属于长方形的插座面板，这种面板是自由组合型的，可以按用户的要求组合成任意功能的插座面板。它是由外壳边框，开关功能件，插座功能件或是电视、电话、计算机等弱电类功能件组合起来的，功能件可以选配，一般是横向安装。

118型插座面板有三种尺寸：

1）118mm×72mm，可以装一个或两个功能件，也称为小盒。

2）155mm×72mm，可以装三个功能件，也称为中盒。

3）197mm×72mm，可以装四个功能件，也称为大盒。

同样地，与之配套的底盒也分三种尺寸，购买时要注意尺寸与所装的底盒配套。

（3）120型

跟118型一样，120型插座面板是自由组合型的，但是得竖向安装，也是由外壳边框和功能件组合而成的，但是尺寸会稍大一点，这种型号用得比较少。

120型插座面板有四种尺寸：

1）120mm×74mm，可以装一个或两个功能件，也称为小盒。

2）156mm×74mm，可以装三个功能件，也称为中盒。

3）200mm×74mm，可以装四个功能件，也称为大盒。

4）120mm×120mm，可以装四个功能件，也称为方盒。

试完整搭建一套智能电表、底盒、插座面板系统，然后在插座面板上进行手机充电，查看智能电表数值。

项目评价表

工作任务	考核技能点	评分标准	参考分值	分值
任务1 监控有毒有害气体	能安装烟雾传感器	能准确并快速地根据要求安装烟雾传感器，安装牢固，走线清晰明了，并能获取相关数据	10分	
	能安装火灾报警按钮	能准确并快速地根据要求安装火灾报警按钮，安装牢固，走线清晰明了，并能获取相关数据	10分	
	能安装声光报警器	能准确并快速地根据要求安装声光报警器，安装牢固，走线清晰明了，并能获取相关数据	10分	

（续）

工作任务	考核技能点	评分标准	参考分值	分值
任务2 监控智能安防系统	能安装摄像头	能准确并快速地根据要求安装摄像头，安装牢固，走线清晰明了，并能获取相关数据	10分	
	能安装人体红外传感器	能准确并快速地根据要求安装人体红外传感器，安装牢固，走线清晰明了，并能获取相关数据	10分	
	能安装红外对射传感器	能准确并快速地根据要求安装红外对射传感器，安装牢固，走线清晰明了，并能获取相关数据	10分	
任务3 监控智能电力系统	能安装智能电表	能准确并快速地根据要求安装智能电表，安装牢固，走线清晰明了，并能获取相关数据	20分	
	能安装底盒	能准确并快速地根据要求安装底盒，安装牢固，走线清晰明了	10分	
	能安装插座面板	能准确并快速地根据要求安装插座面板，安装牢固，走线清晰明了	10分	
总计				

项目习题

一、判断题

1．报警器内置指示灯与蜂鸣器，报警后可以发出微弱声响。　　　　　　（　　）

2．火灾报警按钮地址编码可由手持电子编码器在0～121之间任意设定。（　　）

3．摄像头红色指示灯常亮代表设备启动中。　　　　　　　　　　　　　（　　）

二、单选题

1．人体红外传感器采用（　　）低功耗CMOS处理器，报警延时输出（　　）调。

　　A．16bit 不可　　　B．8bit 不可　　　C．16bit 可　　　D．8bit 可

2．红外对射传感器一旦有人员或物体挡住了发射器发出的任何相邻两束以上光线超过（　　），接收器立即发送报警信号。

　　A．10ms　　　　　B．30ms　　　　　C．50ms　　　　D．70ms

三、操作实践题

完成智慧社区安全监控项目的联合调试，试使用烟雾传感器、火灾报警按钮、声光报

警器、摄像头、人体红外传感器、红外对射传感器、智能电表、插座面板来组建安全监控项目。

项目总结

```
项目4 智慧社区安全监控
├─ 任务1 监控有毒有害气体
│   ├─ 安装烟雾传感器
│   ├─ 安装火灾报警按钮
│   └─ 安装声光报警器
├─ 任务2 监控智能安防系统
│   ├─ 安装摄像头
│   ├─ 安装人体红外传感器
│   └─ 安装红外对射传感器
└─ 任务3 监控智能电力系统
    ├─ 安装智能电表
    ├─ 安装底盒
    └─ 安装插座面板
```

Project 5

项目 ⑤ 智慧社区综合应用

项目背景

智慧社区除了环境监控、安全监控之外还有很多应用。智慧社区应是在全面数字化的基础上，通过互联网与物联网串联人、物、事全要素，以物联网、人工智能、VR/AR等新兴技术为手段，数据激活智能，变革未来社区的生产、生活、服务、治理等方方面面，构建生活新体验、服务新模式、治理新范式、产业新方式的未来城市新单元，树立科技服务人文，人文引领科技的典范。

本项目旨在指导学生学会配置中央控制器，安装调试门禁类设备、灯光控制类设备。

【知识目标】

- 了解智慧社区中央控制器的功能。
- 了解智慧社区门禁类设备的功能。
- 了解智慧社区灯光控制类设备的功能。

【技能目标】

- 能正确配置中央控制器。
- 能正确安装、调试门禁类设备。
- 能正确安装、调试灯光控制类设备。

【素质目标】

- 逐渐养成认真负责、严谨细致、静心专注、精益求精的职业态度。
- 严格遵守物联网、网络与信息安全相关的法律、法规与职业道德。

- 培养仔细观察、深入分析的职业行为习惯。
- 培养服务意识与不怕累、不怕苦、不怕脏的职业精神。
- 注重专业兴趣,在工作任务中培养爱岗敬业、乐于奉献的职业信念。
- 关注行业新设备、新技术、新动态,勇于提出创新建议,逐步培养职业创新意识。

任务1 配置中央控制器

任务描述

中央控制器的主要作用是通过协议来控制周边设备。中央控制器一般的控制端为数字信控无线触摸屏、数字信控有线触摸屏、控制面板、墙装面板、计算机软件和遥控器。

在本任务中,我们需掌握配置中央控制器的方法。

任务目标

- 了解中央控制器的概念。
- 掌握中央控制器的配置方法。

任务实施

1. 准备材料

工具:螺丝刀。

器材:智慧社区实验台、中央控制器、线材若干。

2. 配置步骤

中央控制器主要用来收集网关通过WiFi或者串口传来的数据。打开1+X物联网App,配置好软件参数就可以查看数据了。

在1+X物联网App"主页"界面左右滑动屏幕可以查看不同的传感器数据及开关情况,如图5-1～图5-3所示。

项目5
智慧社区综合应用

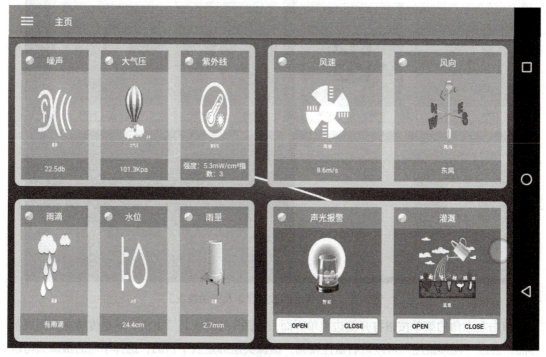

图5-1 不同传感器数据显示及开关情况1

图5-2 不同传感器数据显示及开关情况2

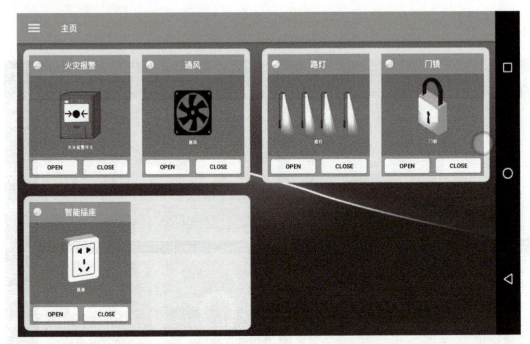

图5-3　不同传感器数据显示及开关情况3

单击左上角的菜单按钮打开侧边菜单界面，如图5-4所示。"主页"就是传感器数据展示界面；通过"视频监控"可以查看监控视频，摄像头是绑定云平台的，选择不同的摄像头可以直接查看绑定在云端的不同摄像头的监控画面，如图5-5所示。可以在"设置"界面绑定云平台和查看设备信息。

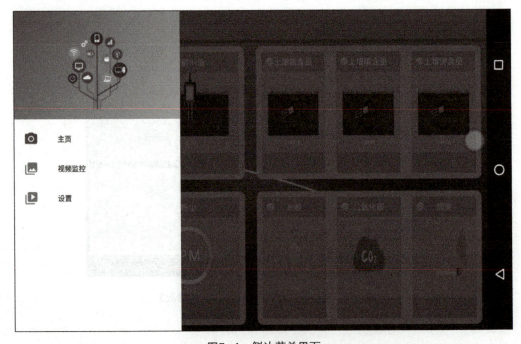

图5-4　侧边菜单界面

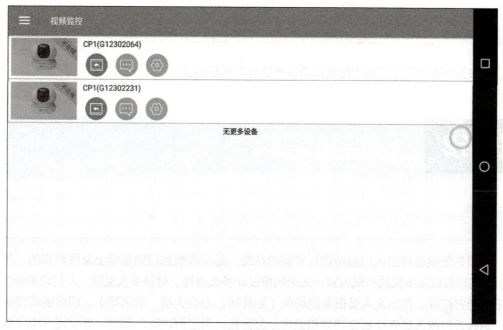

图5-5 "视频监控"界面

中央控制器主要的作用是通过协议来控制周边设备，一般的控制端为数字信控无线触摸屏、数字信控有线触摸屏、控制面板、墙装面板、计算机软件和遥控器。

1. 中央控制器的应用

中央控制器一般应用在多媒体会议室、监控及指挥中心、新闻发布室等地。以多媒体会议室为例，中央控制器作为所有电教设备的控制中心。教室内所有的电教设备，如录像机、投影机、电动屏幕、音响、室内灯光、窗帘等都与中央控制器相连，受其控制。用户只需要坐在触摸屏前，便可以直观地操作整个系统，包括系统开关、各设备开关、灯光明暗度调节、信号切换、信号源的播放和停止、各种组合模式的进入和切换、音量调节。

2. 中央控制器的分类

1）简易中央控制器：一般用在小学多媒体教室，控制设备比较少。

2）智能中央控制器：一般用在大学、中学的多媒体教室，控制设备比较多。

3）网络中央控制器：一般用在安装多台中央控制器的学校，主要是方便管理和控制。

4）会议中央控制器：一般用在多功能会议室，常用无线触摸屏控制。

5）可编程中央控制器：一般用在大型会议室，控制设备比较多，可以提供程序编写服务。

思考练习

中央控制器除了本任务中提到的功能外还具有哪些功能？

任务2　集成门禁系统

任务描述

门禁系统就是对出入口通道进行管制的系统，是在传统的门锁基础上发展而来的。传统的机械门锁仅仅是单纯的机械装置，无论结构设计多么合理，材料多么坚固，人们总能通过各种手段把它打开。在出入人员很多的场所（如社区、办公大楼、酒店等），钥匙的管理很麻烦，钥匙丢失或人员更换都要把锁和钥匙一起更换。为了解决这些问题，便出现了电子磁卡锁、电子密码锁。这两种锁的出现从一定程度上提高了人们对出入口通道的管理程度，使通道管理进入了电子时代。

随着感应卡技术、生物识别技术的发展，门禁系统得到了飞跃式的发展，出现了感应卡式门禁系统、指纹门禁系统、虹膜门禁系统、面部识别门禁系统、指静脉识别门禁系统、乱序键盘门禁系统等各种门禁系统。它们在安全性、方便性、易管理性等方面各有所长。门禁系统的应用领域也越来越广。

在本任务中，我们需掌握安装及调试RFID门禁、电磁门锁、电梯紧急按钮的方法。

任务目标

- 了解门禁系统在智慧社区管理中的作用、分类。
- 能列举常见门禁系统的种类和使用场合。
- 掌握安装及调试RFID门禁、电磁门锁、电梯紧急按钮的方法。

任务实施

1. 安装RFID门禁

（1）准备材料

工具：螺丝刀、斜口钳、剥线钳。

器材：智慧社区实验台、RFID门禁、传感器节点、M4螺钉+螺母若干、M3螺钉+螺母若干、线材若干。

（2）安装步骤

RFID门禁节点固定与风类传感器类似，固定完成图如图5-6所示。

安装电源导线：红色线接DC 12V，黑色线接GND。安装通信线：白色线接DATA1，绿色线接DATA2。使用剥线钳将一体式的4根线上的绝缘胶去掉。

图5-6　RFID门禁固定

使用一字螺丝刀将剥好的线接在传感器节点的端子上。将接好的端子插入传感器节点上，将DC 12V电源线接入传感器节点。电源线从格板上的格孔穿到另外一面，最后将DC 12V电源线的另外一端接在12V电源上，安装完成后的整体效果如图5-7所示。

（3）调试数据

RFID门禁数据调试方法与风类传感器的基本一致。在"主页"界面左右滑动便可看到RFID门禁数据，如图5-8所示。

图5-7　RFID门禁安装完成后的整体效果

图5-8　RFID门禁数据

2．安装电磁门锁

（1）准备材料

工具：螺丝刀、斜口钳、剥线钳。

器材：智慧社区实验台、电磁门锁、传感器节点、M4螺钉+螺母若干、M3螺钉+螺母若干、线材若干。

（2）安装步骤

电磁门锁固定与风类传感器类似，固定完成图如图5-9所示。

安装电源导线：红色线接DC 12V、黑色线接GND。

使用一字螺丝刀将剥好的线接在传感器节点的端子上，如

图5-9　电磁门锁固定

图5-10所示。将接好的端子插入传感器节点。将DC 12V电源线接入传感器节点。电源线从格板上的格孔穿到另外一面，最后将DC 12V电源线的另外一端接在12V电源上。安装好后，整体效果如图5-11所示。

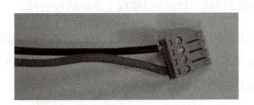

图5-10 传感器节点的端子接线

图5-11 电磁门锁安装完成后的整体效果

（3）调试数据

电磁门锁数据调试方法与风类传感器的基本一致。在"主页"界面左右滑动便可看到电磁门锁的开关情况，如图5-12所示。

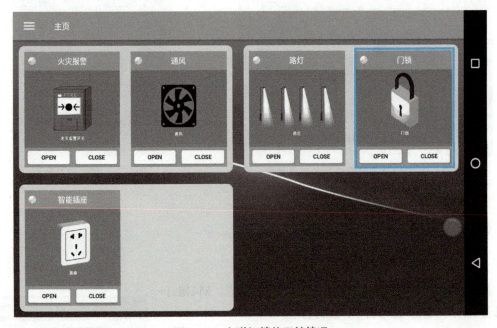

图5-12 电磁门锁的开关情况

3．安装电梯紧急按钮

（1）准备材料

工具：螺丝刀、斜口钳、剥线钳。

器材：智慧社区实验台、电梯紧急按钮、传感器节点、M4螺钉+螺母若干、M3螺钉+螺母若干、线材若干。

（2）安装步骤

电梯紧急按钮固定与风类传感器类似，固定完成图如图5-13所示。

安装电源导线：绿色线接DATA1，蓝色线接DATA2。

使用一字螺丝刀将剥好的线接在传感器节点的端子上。将接好的端子插入传感器节点上，将DC 12V电源线接入传感器节点。电源线从格板上的格孔穿到另外一面，最后将DC 12V电源线的另外一端接在12V电源上，安装完成后的整体效果如图5-14所示。

图5-13 电梯紧急按钮固定

图5-14 电梯紧急按钮安装完成后的整体效果

知识补充

1. RFID门禁

RFID门禁采用射频识别技术。射频识别技术是20世纪90年代开始兴起的一种自动识别技术，利用射频信号通过空间耦合（交变磁场或电磁场）实现无接触信息传递，并通过所传递的信息达到识别目的。

RFID门禁的基本参数如下：

1）通信（5V）IC卡-RS232、IC卡-RS485、IC卡-TTL接口。

2）通信（9~16V）IC卡-RS232、IC卡-RS485、IC卡-TTL接口。

3）通信（24V）IC卡-RS485、IC卡-TTL接口。

2. 电磁门锁

电磁门锁采用电生磁的原理，当电流通过硅钢片时，电磁门锁会产生强大的吸力紧紧地吸住吸附铁板从而达到锁门的目的。非常小的电流就会让电磁门锁产生很大的磁力。门禁系统识别人员后立即断电，电磁门锁失去吸力后即可开门。

因为电磁门锁没有复杂的机械结构和锁舌的构造，因此适用于逃生门或消防门。其内部灌注环氧树脂来保护锁体。

电磁门锁吸力的测试的方法是电磁门锁通电后慢慢地增加对吸附铁板的拉力，当拉力超过电磁门锁的吸力时，吸附铁板被瞬间拉开，此时的拉力就是电磁门锁的吸力。电磁门锁对吸附铁板的作用必须是面对面而且是垂直的，这样电磁门锁的吸力才是最大的。吸附铁板因为长时间受电磁铁的磁力感应影响有可能被短暂磁化。

3．电梯紧急按钮

电梯紧急按钮是一种比较常用的报警系统，常用来接通或断开"控制电路"（其中电流很小），从而控制电动机或其他电气设备运行的一种开关。

思考练习

在日常生活中还有哪些常见的物联网门禁系统？

任务3　集成灯光控制系统

任务描述

智能灯光系统是对灯光进行智能控制与管理的系统，跟传统照明系统相比，它可实现灯光软启、调光、一键场景、一对一遥控及分区灯光全开全关等管理，并可采用遥控、定时、集中、远程等多种控制方式，甚至可用计算机来对灯光进行高级智能控制，从而达到节能、环保、舒适、方便的目的。

在本任务中，我们将学习安装调试单键开关、双键开关、灯光控制系统设备。

任务目标

- 了解灯光和灯光控制系统的使用场合。
- 掌握灯光和灯光控制系统的构成。
- 掌握安装和调试单键开关、双键开关、灯光控制系统的方法。

任务实施

1. 安装单键开关

（1）准备材料

工具：螺丝刀、斜口钳、剥线钳。

器材：智慧社区实验台、单键开关、传感器节点、M4螺钉+螺母若干、M3螺钉+螺母若干、线材若干。

（2）安装步骤

单键开关传感器固定与风类传感器类似，固定完成图如图5-15所示。

安装电源导线：黑色线接GND。安装通信线：蓝色线接DATA1。使用剥线钳将一体式的2根线上的绝缘胶去掉。使用一字螺丝刀将剥好的线接在传感器节点的端子上，如图5-16所示。将接好的端子插入传感器节点上，将DC 12V电源线接入传感器节点。电源线从格板上的格孔穿到另外一面，最后将DC 12V电源线的另外一端接在12V电源上，安装完成后的整体效果如图5-17所示。

（3）调试数据

单键开关数据调试方法与风类传感器基本一致。在"主页"界面左右滑动便可看到单键开关的开关情况，如图5-18所示。

图5-15 单键开关传感器固定

图5-16 传感器节点的端子接线

图5-17 单键开关安装完成后的整体效果

图5-18 单键开关的开关情况

2. 安装双键开关

（1）准备材料

工具：螺丝刀、斜口钳、剥线钳。

器材：智慧社区实验台、双键开关、传感器节点、M4螺钉+螺母若干、M3螺钉+螺母若干、线材若干。

（2）安装步骤

双键开关节点固定与风类传感器类似，固定完成图如图5-19所示。

安装电源导线：黄色线接GND。安装通信线：绿色线接DATA1，蓝色线接DATA2。使用剥线钳将一体式的3根线上的绝缘胶去掉。

使用一字螺丝刀将剥好的线接在传感器节点的端子上，如图5-20所示。将接好的端子插入传感器节点上，将DC 12V电源线接入传感器节点。电源线从格板上的格孔穿到另外一面，最后将DC 12V电源线的另外一端接在12V电源上，安装完成后的整体效果如图5-21所示。

图5-19 双键开关固定　图5-20 传感器节点的端子接线　图5-21 双键开关安装完成后的整体效果

（3）调试数据

双键开关数据调试方法与单键开关相同。

3. 进行灯光控制

（1）准备材料

工具：螺丝刀、尖嘴钳、剥线钳。

器材：智慧社区实验台、灯泡、M4螺钉+螺母若干、M3螺钉+螺母若干、线材若干、扎带若干。

（2）安装灯泡

确定好灯座（见图5-22）安装位置后，用M3的螺钉和螺母将其固定到格板上，固定好灯座后将灯泡拧上即可。

安装灯座电源导线：红色线接DC 12V，另一根红色线接GND。使用剥线钳将一体式的2根线上的绝缘胶去掉。

使用一字螺丝刀将剥好的线接在传感器节点的端子上，如图5-23所示。将接好的端子插入传感器节点上，将DC 12V电源线接入传感器节点。电源线从格板上的格孔穿到另外一面，最后将DC 12V电源线的另外一端接在12V电源上。安装完成后的整体效果如图5-24所示。

图5-22 灯座

图5-23 接传感器节点的端子

图5-24 灯泡安装完成后的整体效果

（3）测试数据

灯光控制的数据调试方法与风类传感器的基本一致。在"主页"界面左右滑动便可看到灯光控制的开关情况，如图5-25所示。

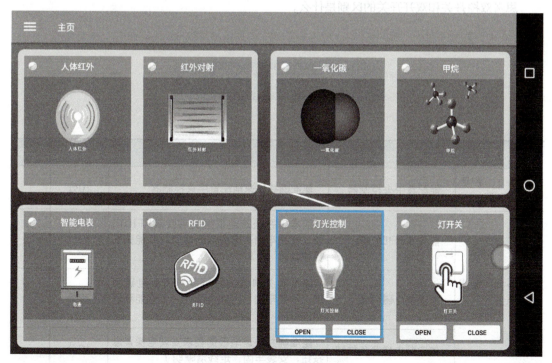
图5-25 灯光控制的开关情况

知识补充

1. 单键开关

单键开关是一种常用的控制电器元件,常用来接通或断开控制电路(其中电流很小),从而达到控制电动机或其他电气设备运行的目的。常见的单键开关按钮主要为急停按钮、启动按钮、停止按钮、组合按钮(键盘)、点动按钮、复位按钮。

2. 双键开关

双键开关原理与单键开关相同。只是在结构上,双键开关相对于单键开关多了一组开关。

3. 灯光控制

灯光控制主要是用来改变灯具的工作电压或电流,通过通断控制和发光强度控制两种方式,满足生活中的灯光控制要求。

思考练习

思考双控开关和双开开关的区别是什么。

项目评价表

工作任务	考核技能点	评分标准	参考分值	分值
任务1 配置中央控制器	能配置中央控制器	能准确并快速地配置中央控制器	10分	
任务2 集成门禁系统	能安装RFID门禁	能准确并快速地根据要求安装RFID门禁,安装牢固,走线清晰明了,并能获取相关数据	20分	
	能安装电磁门锁	能准确并快速地根据要求安装电磁门锁,安装牢固,走线清晰明了,并能获取相关数据	20分	
	能安装电梯紧急按钮	能准确并快速地根据要求安装电梯紧急按钮,安装牢固,走线清晰明了	10分	

（续）

工作任务	考核技能点	评分标准	参考分值	分值
任务3 集成灯光控制系统	能安装单键开关	能准确并快速地根据要求安装单键开关，安装牢固，走线清晰明了	10分	
	能安装双键开关	能准确并快速地根据要求安装双键开关，安装牢固，走线清晰明了	10分	
	能进行灯光控制	能准确并快速地根据要求安装灯泡，安装牢固，走线清晰明了，并能进行灯光控制	20分	
总计				

项目习题

一、判断题

1．感知层和网络层之间需要物联网网关。（   ）

2．射频识别技术是20世纪90年代开始兴起的一种自动识别技术。（   ）

3．当电流通过硅铜片时，电磁门锁会产生强大的吸力紧紧地吸住吸附铁板从而达到锁门的目的。（   ）

二、单选题

1．一般用途按钮开关在（   ）接点上没有直接开路动作装置（强制开离装置）。

  A．MC   B．OC   C．NC   D．OB

2．因为电磁门锁没有（   ）的机械结构和锁舌的构造，因此适用于逃生门或消防门。

  A．非常简单   B．简单   C．复杂   D．非常复杂

三、操作实践题

完成智慧社区综合应用的联合调试，试使用中央控制器、RFID门禁、电磁门禁、单双键开关进行组建。所有控制器可以通过中央控制器来控制。按照安装标准调试完成时，可以用RFID门禁卡来开电磁门禁，也可以通过中央控制器远程控制电磁门禁；可以使用单双键开关控制灯光，也可以使用中央控制器来远程控制灯光系统。

项目总结

```
项目5 智慧社区综合应用
├── 任务1 配置中央控制器
│   ├── 准备材料
│   ├── 配置步骤
│   └── 调试数据
├── 任务2 集成门禁系统
│   ├── 安装RFID门禁
│   ├── 安装电磁门锁
│   └── 安装电梯紧急按钮
└── 任务3 集成灯光控制系统
    ├── 安装单键开关
    ├── 安装双键开关
    └── 进行灯光控制
```

Project 6

项目 ⑥
物联网平台应用

项目背景

物联网平台作为整个物联网解决方案的核心，已经被越来越多地应用到实际场景中。从广义来讲，物联网平台指的是一组工具和服务，使开发人员能够开发和运行应用程序。物联网平台是中间件层，负责从传感器和终端设备中获取数据并生成有意义的结果和操作，通常提供设备的SDK（软件开发工具包）或API（应用程序编程接口），开发人员可以通过平台连接任何硬件平台并使用基于云的服务。

生活物联网平台是一款针对智能生活领域的物联网平台，是在阿里云IaaS和PaaS层云产品的基础上搭建的一套公有云平台。平台助力于服务生活领域的开发者、方案商，提供了功能设计、嵌入式开发调试、设备安全、云端开发、App开发、运营管理、数据统计等，从产品前期开发到后期运营的全生命周期服务。

本项目旨在指导学生了解和掌握物联网平台的基本使用规则，并以阿里云物联网平台为例，讲解相关操作技能。

【知识目标】
- 了解物联网平台的基本定义、功能。
- 了解物联网平台的基本服务模式。
- 了解各类物联网平台的基本概况。

【技能目标】
- 掌握阿里云物联网平台账号注册的方法。
- 掌握阿里云物联网平台项目管理的方法。
- 能使用生活物联网平台管理智慧社区项目。
- 能使用生活物联网平台管理智慧社区产品。

智慧社区集成与运维（初级）

- 能使用生活物联网平台创建智慧社区App应用。
- 能正确配置生活物联网平台中智慧社区移动应用功能。

【素质目标】

- 逐渐养成认真负责、严谨细致、静心专注、精益求精的职业态度。
- 严格遵守物联网、网络与信息安全相关的法律、法规与职业道德。
- 培养仔细观察、深入分析的职业行为习惯。
- 培养服务意识与不怕累、不怕苦、不怕脏的职业精神。
- 注重专业兴趣，在工作任务中培养爱岗敬业、乐于奉献的职业信念。
- 关注行业新设备、新技术、新动态，勇于提出创新建议，逐步培养职业创新意识。

任务1　注册阿里云物联网平台账号

任务描述

阿里云平台为用户提供了大量的云计算应用，具体包括云计算基础、数据库、安全、大数据、人工智能、物联网、开发与运维、企业应用等，如图6-1所示。用户可以根据自己的实际需求选择对应的产品。在物联网平台方面，阿里云提供了企业物联网平台和生活物联网平台。两个平台各有优势：企业物联网平台提供"原子化"的设备接入功能，适用于云开发能力较强的用户，可以在各个领域使用；生活物联网平台提供了设备接入功能、移动端的SDK（软件开发工具包），以及免开发的公版App和界面，更适用于消费级的智能设备开发者，开发门槛较低，可以快速实现消费级设备的智能化，如智能家电、家装领域等。阿里云飞燕平台是智能单品开发平台，适用于单品的快速接入以及运营。使用同一个阿里云账号登录的用户，在生活物联网平台阿里云产品线创建的所有产品和设备，将自动同步到物联网平台中。

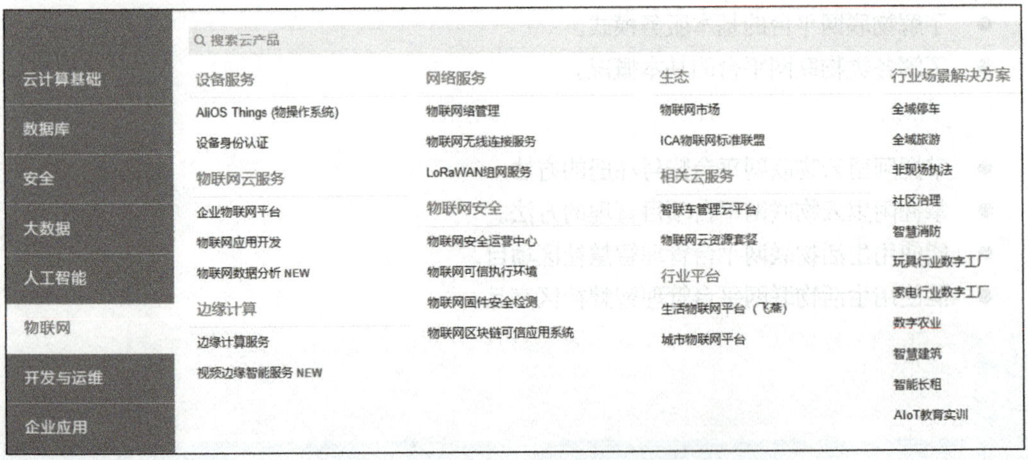

图6-1　阿里云产品线

项目6
物联网平台应用

在本任务中，我们需掌握阿里云物联网平台的注册。

任务目标

- 了解阿里云平台的概念和作用。
- 掌握注册阿里云平台账号的方法。

任务实施

1. 阿里云平台账号注册

首先打开阿里云官网（www.aliyun.com），注册阿里云账号有两种方式：一种是"支付宝快捷注册"；一种是"账号密码注册"，如图6-2所示。

选择一种注册方式后，填写注册信息，如图6-3所示。

图6-2 注册账号

图6-3 填写注册信息

设置会员名：5~25个字符，不能包含标点等特殊字符，尽量避免使用姓名、手机号、身份证号、银行卡号等隐私信息，推荐使用中文。

设置你的登录密码：6~20个字符，只能包含字母、数字以及标点符号（除空格），字母、数字和标点符号三种中至少包含两种。

2．完成实名认证

注册成功后，购买阿里云产品需要实名认证。实名认证分为个人实名认证和企业实名认证，按照账号的实际使用者选择即可。

个人实名认证方式有两种：通过个人支付宝完成实名认证、通过阿里云App完成实名认证。

（1）通过个人支付宝完成实名认证

1）登录阿里云控制台。

2）单击会员名，进入"账号管理"界面。

3）在左侧导航栏中，单击"实名认证"按钮，进入"实名认证"界面。

4）在"实名认证"界面，选择认证类型为"个人实名认证"，如图6-4所示。

图6-4　个人实名认证

5）选择"个人支付宝授权认证"，如图6-5所示。

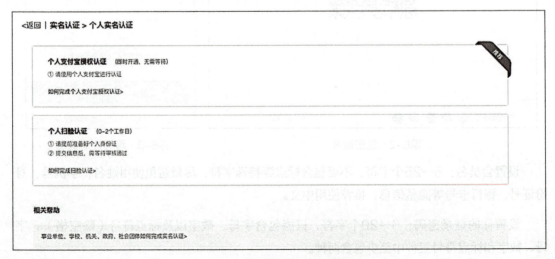

图6-5　个人支付宝授权认证

6）在支付宝绑定界面，输入已完成实名认证的个人支付宝账号及登录密码或扫码登录（见图6-6），然后单击"绑定支付宝账号"按钮。验证成功后，完成认证。

图6-6 支付宝绑定

（2）通过阿里云App完成实名认证

1）登录阿里云控制台。

2）单击会员名，进入"账号管理"界面。

3）在左侧导航栏中，单击"实名认证"按钮，进入"实名认证"界面。

4）在"实名认证"界面，选择认证类型为"个人实名认证"。

5）在"个人实名认证"界面选择"个人扫脸认证"即可。

阿里云物联网平台能提供设备接入、设备管理、安全监控、规则引擎等功能，为各类物联网场景和行业开发者赋能，具体功能如下：

1. 设备接入

物联网平台支持海量设备连接上云，设备与云端通过IoT Hub进行稳定可靠的双向通信。

1）提供设备端SDK、驱动、软件包等帮助不同设备、网关轻松接入阿里云。

2）提供蜂窝（2G/3G/4G/5G）NB-IoT、LoRaWAN、WiFi等不同网络设备接入方案，解决企业异构网络设备接入管理痛点。

3）提供MQTT、CoAP、HTTP/S等多种协议的设备端SDK，既能满足长连接的实时性需求，又能满足短连接的低功耗需求。

4）开源多种平台设备端代码，提供跨平台移植指导，赋能企业基于多种平台进行设备接入。

2. 设备管理

物联网平台提供完整的设备生命周期管理功能，支持设备注册、功能定义、数据解析、在线调试、远程配置、固件升级、远程维护、实时监控、分组管理、设备删除等功能。

1）提供设备物模型，简化应用开发。

2）提供设备上下线变更通知服务，方便实时获取设备状态。

3）提供数据存储服务，方便用户海量设备数据的存储及实时访问。

4）支持OTA升级，赋能设备远程升级。

5）提供设备影子缓存机制，将设备与应用解耦，解决不稳定无线网络下的通信不可靠痛点。

3. 安全监控

物联网平台提供多重防护，有效保障设备和云端数据的安全，主要包括身份认证和通信安全认证。

1）提供芯片级安全存储方案及设备密钥安全管理机制，防止设备密钥被破解，安全级别很高。

2）提供一机一密的设备认证机制，降低设备被攻破的安全风险，适合有能力批量预分配设备证书（Product Key、Device Name和Device Secret），将设备证书信息烧录到每个设备的芯片，安全级别高。

3）提供一型一密的设备认证机制。设备预烧产品证书（Product Key和Product Secret），认证时动态获取设备证书（Product Key、Device Name和Device Secret），适合批量生产时无法将设备证书烧录到每个芯片的情况，安全级别普通。

4）提供X.509证书的设备认证机制，支持基于MQTT协议直连的设备使用X.509证书进行认证，安全级别很高。

5）支持TLS（MQTT\HTTP）DTLS（CoAP）数据传输通道，保证数据的机密性和完整性，适用于硬件资源充足、对功耗不是很敏感的设备，安全级别高。

6）支持设备权限管理机制，保障设备与云端安全通信。

7）支持设备级别的通信资源（Topic等）隔离，防止产生设备越权等问题。

4. 规则引擎

物联网平台规则引擎包含服务端订阅、云产品流转功能和场景联动。其中服务端订阅是指订阅某产品下所有设备的某个或多个类型消息，服务端可以通过AMQP客户端或消息服务（MNS）客户端获取订阅的消息。云产品流转是指物联网平台根据用户配置的数据流转规则，将指定Topic消息的指定字段流转到目的地，进行存储和计算处理。场景联动是配置简单规则，可将设备数据无缝流转至其他设备，实现设备联动。

1）将数据转发到另一个设备的Topic中，实现设备与设备之间的通信。

2）如果购买了实例，将数据转发到实例内的时序数据存储，实现设备时序数据的高效写入。

3）将数据转发到AMQP服务端订阅消费组，服务端通过AMQP客户端监听消费组获取消息。

4）将数据转发到消息服务（MNS）和消息队列（Rocket MQ）中，保障应用消费设备数据的稳定可靠性。

5）将数据转发到表格存储（Table Store），提供设备数据采集+结构化存储的联合方案。

6）将数据转发到云数据库（RDS）中，提供设备数据采集+关系型数据库存储的联合方案。

7）将数据转发到Data Hub中，提供设备数据采集+大数据计算的联合方案。

8）将数据转发到时序时空数据库（TSDB），提供设备数据采集+时序数据存储的联合方案。

9）将数据转发到函数计算中，提供设备数据采集+事件计算的联合方案。

在阿里云平台完成账号注册。

任务2　管理物联网平台项目

建立智慧社区的过程中，必定需要将相关传感器采集到的数据上传到云平台，实现数据的集中管理，并且通过对数据的分析采取必要的控制措施。因此如何在物联网平台上进行项目的创建就非常重要。

在本任务中，我们需学习在阿里云物联网平台上创建产品和设备的物模型，并学会添加设备。

任务目标

- 掌握在阿里云平台中创建和管理项目的方法。
- 掌握阿里云平台中三元组的使用方法。
- 掌握在阿里云平台中创建产品、添加设备、创建设备物模型的方法。

任务实施

完成阿里云账号注册后，在个人主界面中选择"产品与服务"，并搜索物联网平台，选择"添加快捷操作"，然后选择"物联网平台"。首先需要开通物联网平台，开通后可以切换到物联网平台的管理控制台。

产品相当于一类设备的集合，同一产品下的设备具有相同的功能。可以根据产品批量管理设备，如定义物模型、自定义Topic等。每个实际设备需要对应一个物联网平台设备。将物联网平台颁发的设备证书三元组（Product Key、Device Name和Device Secret）烧录到设备芯片上，用于设备连接物联网平台的身份验证。

1. 创建产品和添加设备

1）登录物联网平台控制台，在"实例概览"界面，选择"公共实例"，如图6-7所示。

图6-7 选择"公共实例"

2）在左侧导航栏选择"设备管理"→"产品"，单击"创建产品"按钮。

3）在"新建产品"界面，按照图6-8中的信息设置后，单击"确认"按钮。

图6-8 产品信息

4)完成后,在"创建产品"界面(见图6-9),可以添加设备,单击"前往添加"按钮,打开"设备列表"标签。

图6-9 添加设备

5)在"设备列表"标签中单击"添加设备"按钮,打开"添加设备"对话框,在"DeviceName"文本框中输入"device1",在"备注名称"文本框中输入"设备1",单击"确认"按钮,如图6-10所示。

6）创建设备成功后，在弹出的"添加完成"对话框中单击"前往查看"或"一键复制设备证书"按钮获取设备证书，如图6-11所示。设备证书包含Product Key、Device Name和Device Secret。设备证书是设备后续与物联网平台交流的重要凭证，需要妥善保管。

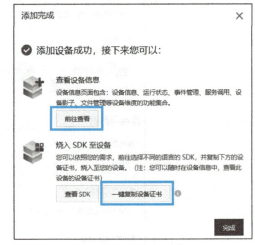

图6-10　录入设备信息　　　　　　　　图6-11　查看设备信息

2. 创建设备物模型

完成产品创建和设备的添加后，可以进行设备物模型的创建，可以设置属性、服务和事件，具体步骤如下：

1）登录物联网平台控制台。

2）在"实例概览"界面，选择"公共实例"。

3）在左侧导航栏，选择"设备管理"→"产品"。在产品列表中，找到已创建的路灯产品，单击"查看"按钮。

4）在产品详情页，单击"功能定义"标签，然后单击"编辑草稿"按钮，如图6-12所示。

图6-12　编辑草稿

5）在"功能定义"界面的"默认模块"，单击"添加自定义功能"按钮，进行物模型配置，然后单击"确认"按钮。按照图6-13设置路灯产品的属性。

6）返回"功能定义"界面，单击"物模型TSL"按钮，在"完整物模型"标签下，可看到该产品的完整物模型JSON文件，如图6-14所示。

项目6
物联网平台应用

图6-13　设置路灯产品的属性

图6-14　JSON文件

7）发布物模型。单击"编辑草稿"界面左下方的"发布上线"按钮，弹出"发布物模型上线"对话框。单击"添加发布备注"按钮，输入版本号和版本描述。如果存在已上线的版本，则需要进行比对，确认新版本的修改点。单击"比对结果"按钮，在"比对结果"对话框中查看修改点。确认无误后，单击"确认查阅"按钮，回到"发布物模型上线"对话框，自动勾选"确认已查看当前版本与线上版本的比对结果"复选框。单击"确定"按钮发布物模型。

知识补充

设备添加成功后，会弹出设备的三元组（设备证书），这个三元组是全网唯一的设备身份校验要素。

设备证书指Product Key、Device Name、Device Secret。

Product Key：是物联网平台为产品颁发的全局唯一标识。该参数很重要，在设备认证以及通信中都会用到，因此需要保管好。

Device Name：在注册设备时，自定义的或自动生成的设备名称具备产品维度内的唯一性。该参数很重要，在设备认证以及通信中都会用到，因此需要保管好。

Device Secret：物联网平台为设备颁发的设备密钥，和Device Name成对出现。该参数很重要，在设备认证时会用到，因此需要保管好并且不能泄露给他人。

考虑设备实际生产时对安全和成本的不同需求，我们可以选择"一机一密"或"一型一密"。

一机一密：每个设备烧录其唯一的设备证书（Product Key、Device Name和Device Secret）。当设备与物联网平台建立连接时，物联网平台对其携带的设备证书信息进行认证。

一型一密：同一产品下所有设备可以烧录相同产品证书（即Product Key和Product Secret）。设备发送激活请求时，物联网平台进行产品身份确认，认证通过，下发该设备对应的Device Secret。

思考练习

1．使用自己注册的阿里云账号登录阿里云平台，创建一个智慧社区的物联网项目。

2．根据物联网平台的要求，绘制系统逻辑拓扑图。

任务3　管理智慧社区项目

任务描述

生活物联网平台是一款针对生活领域的物联网平台，平台针对家电智能化的设备连接、移动端控制、设备管理、数据统计等问题，提供了一整套配置优化方案，大幅降低"设备-云端-App"的开发成本。

在本任务中，我们需学会管理智慧社区项目。

任务目标

- 掌握物联网平台的登录方法。
- 掌握在物联网平台进行项目创建、授权、重命名和删除的方法。

任务实施

对智慧社区进行项目管理时应首先登录生活物联网平台，然后创建项目、授权项目。平台提供的重命名项目和删除项目两大功能也可以进行尝试。

1. 登录生活物联网平台

1）在浏览器中搜索"生活物联网平台"，进入平台登录界面。

2）在平台登录界面输入阿里云账号和密码，并单击"登录"按钮。

3）首次登录生活物联网平台时，需要授权。在"权限授权许可"对话框中，单击"确认"按钮，如图6-15所示。

图6-15 "权限授权许可"对话框

在"云资源访问授权"界面单击"同意授权"按钮，如图6-16所示。

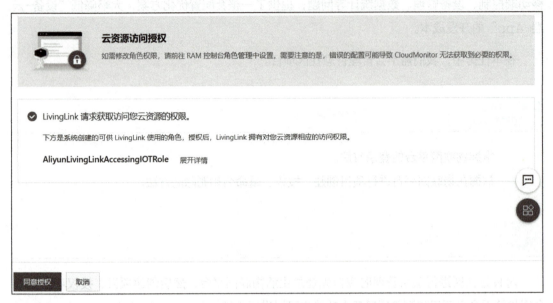

图6-16 "云资源访问授权"界面

4)首次登录生活物联网平台时,还需签约免费服务条款并完成实名认证。在"免费试用服务条款"界面,单击"我同意"按钮。

若账户未进行实名认证,此时界面会跳转至实名认证界面。根据界面提示完成实名认证即可。实名认证完成后,即可进入生活物联网平台主界面,如图6-17所示。

图6-17 生活物联网平台主界面

2. 创建项目

1）在生活物联网平台主界面单击"创建新项目"按钮，如图6-18所示。

图6-18 创建新项目

2）配置项目名称并选择类型。实际使用中项目名称建议配置为客户名称，在后期项目单独转发、授权或统计时易于辨别。项目类型分为自有品牌项目和天猫精灵生态项目，可根据产品的定位来选择。

① 自有品牌项目：提供消费级智能设备服务，用户可以在该项目中创建产品、创建自有品牌App等，并可以在全球范围内售卖设备，如图6-19所示。

图6-19 自有品牌项目

②天猫精灵生态项目：可以在该项目中创建产品，并加入天猫精灵物联网生态。产品可以被天猫精灵全系生态终端控制，包括天猫精灵各型号音箱、天猫精灵App、天猫精灵车机及AliGenie Inside智能设备等，还可以实现语音、触屏、多模态人机交互，为消费者提供控制、查询、播报、场景与主动服务等，如图6-20所示。

图6-20　天猫精灵生态项目

3）单击"确定"按钮完成新建。项目成功创建后，新建的项目显示在生活物联网平台主界面上，如图6-21所示。

图6-21　项目信息

3．授权项目

1）选择项目名称并单击"项目设置"按钮，如图6-22所示。

如果账户还没完成授权，则此时界面会弹出"权限授权许可"对话框，需要进行授权。

图6-22 项目设置

2)在"成员管理"界面中,单击"添加成员"按钮,打开"添加成员"对话框,如图6-23所示。对话框中各参数解释如下:

项目成员账号:配置授权的账号,可以为阿里云账号等。

备注名:输入被授权账号的备注名称,便于后期账户维护。

权限类型(指定产品):选择指定产品授权,被授权者只允许编辑授权产品,不可在该项目下创建、复制和删除产品。

权限类型(项目授权):以项目维度来授权,被授权者可以编辑该项目中现有产品和后续新增的产品,且可以在该项目下创建新产品。

权限范围:勾选被授权者的权限范围,与权限类型配合使用,详细介绍见表6-1。

表6-1 权限范围一览表

授权范围	范围描述与适合场景	被授权账号显示效果	
		指定产品	项目授权
运营中心	运营中心分设备运维、用户运营两部分,是一套完整的SaaS(软件即服务)。可以直接交付给设备运营方使用	运营中心里,只显示被授权产品的统计结果	运营中心显示该项目下所有产品的统计结果
开发中心	开发中心包括产品开发、App开发、服务中心和量产管理。适合多方协作开发,可以分享开发中心给多个成员	项目主界面只显示被授权的产品	项目主界面显示授权项目下的所有产品
量产中心	量产中心对应量产管理界面,用于管理激活码相关的操作。可单独授权给激活码管理者或产线人员,避免产品相关信息被误操作	量产管理界面只显示被授权的产品,且只能量产被授权产品	量产管理界面显示该项目下所有的产品,并可以量产所有的产品
成员管理	授权后,可以管理该项目所有成员账号。当委托第三方厂商管理项目时,可以通过配置成员管理权限,而避免自己账号外泄	不涉及产品管理	在成员管理界面中执行新增、编辑、删除成员等操作

3）在对话框中填完各项参数后，单击"确定"按钮完成操作。

4）执行结果。使用被授权的账号登录生活物联网平台，在"授权项目"中可以看到该授权项目，如图6-24所示。

图6-23 "添加成员"对话框

图6-24 授权项目

4．重命名项目

1）打开"重命名"对话框。

2）在"名称"文本框中输入新的项目名称。新的项目名称不可以与已有的项目名称重复。

3）单击"确定"按钮完成操作，如图6-25所示。

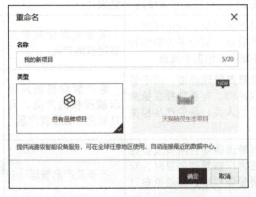

图6-25 重命名项目

5．删除项目

1）将鼠标移至需要删除的自有品牌项目上，单击出现的"删除" 按钮。

2）在弹出的提示框中，单击"确认"按钮，如图6-26所示。

图6-26　删除项目

知识补充

生活物联网平台功能特性如下：

1．零门槛极速化客户

1）周期短。1min可完成面板配置；5h可完成智能化；10d可完成量产。

2）成本低。提供认证模组，直接连接云端；提供Demo App源代码，快速上手。

3）免开发。提供公版App和免开发的App界面；提供标准运营后台，支持数据图表的统计分析。

2．高灵活深定制客户

1）高可用性。一机一密，保障个人隐私安全；支持亿级设备接入，保障连接质量。

2）全球化。设备可在全球任意地区激活，助力我国产业实现全球化。

3）品牌自有。提供云端API（应用程序编程接口），支持自主开发业务逻辑。

思考练习

试注册生活物联网平台账号并创建一个智慧社区项目。

任务4　管理智慧社区产品

任务描述

物联网平台提供安全可靠的设备连接通信服务，支持设备数据采集上云，规则引擎流转数据和云端数据下发设备端。此外，还提供方便快捷的设备管理服务，支持物模型定义，数据结构化存储及远程调试、监控、运维。

通过物联网平台建立的物模型与智慧社区的设备绑定后，设备监控到的在线数据上传至云端，并且使用已有的设备建立场景联动。

在本任务中，我们需学会管理物联网平台项目。

任务目标

- 掌握在项目下创建、复制、删除产品的方法。
- 掌握定义产品功能和发布产品的方法。

任务实施

1. 创建产品

1）在项目主界面单击"创建新产品"按钮，打开"新建产品"对话框，如图6-27所示。

图6-27 "新建产品"对话框

2）配置产品参数，见表6-2。

表6-2 产品参数表

参数名称	参数解释
产品名称	填写产品名称，后期可修改
所属品类	选择产品所属的行业和品类。可以单击"功能定义"按钮预览该品类定义的标准功能
节点类型	仅自有品牌项目下创建产品时可以选择节点类型，天猫精灵生态项目下节点类型固定为设备
是否接入网关	是否需要通过网关入网
连网方式	当"是否接入网关"设置为"否"时，显示该参数。设备连网方式包括：WiFi、蜂窝（2G、3G、4G）、以太网、其他 仅自有品牌项目下创建产品时可以选择连网方式，天猫精灵生态项目下的连网方式目前只能选择WiFi
接入网关协议	当"是否接入网关"设置为"是"时，显示该参数。该产品下设备作为子设备与网关通信的协议类型如下： 1）自有品牌项目下创建的产品：自定义、Modbus、OPC UA、ZigBee、BLE 2）天猫精灵生态项目下创建的产品：BLE Mesh、BLE GATT
协议类型	天猫精灵生态项目下，当"是否接入网关"设置为"是"时，显示该参数。该产品下设备作为子设备与网关通信的协议类型如下： 1）当"接入网关协议"设置为"BLE Mesh"时，可选择低功耗、非低功耗 2）当"接入网关协议"设置为"BLE GATT"时，可选择直连、广播
数据格式	设备上下行的数据格式如下，两种格式二选一，不能混合使用 1）ICA标准数据格式（Alink JSON）：是阿里云物联网平台为开发者提供的设备与云端的标准数据交换协议，采用JSON格式 2）透传/自定义：若使用自定义的串口数据格式，则需要编写自定义格式数据并将其转换为Alink JSON的脚本，并在云端配置数据解析脚本
使用ID^2认证	ID^2认证是设备接入生活物联网平台的安全认证方式，它为设备上云提供了双向身份认证能力，通过建立轻量化的安全链路（iTLS）来保障数据的安全性。产品创建成功后，认证方式不可变更。仅自有品牌项目中创建的产品支持ID^2认证，天猫精灵生态项目下创建的产品不支持
产品描述	选填，填写产品描述信息

3）单击"完成"按钮。产品创建完成后，新建的产品显示在项目主界面上。

2．复制产品

（1）在自有品牌项目下复制产品

1）进入待复制产品所在的项目。

2）选择待复制的产品，单击 图标打开"复制产品"对话框。

3）可将产品复制到现有项目中，也可将其复制到新项目中，具体操作如下：

① 选中"现有项目"单选按钮，在下拉列表中选择现有项目，如图6-28所示。

② 选中"新项目"单选按钮，在其下文本框中输入新项目的名称，如图6-29所示。

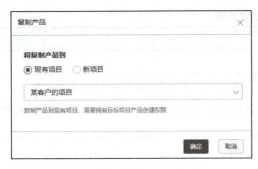
图6-28 将产品复制到现有项目

图6-29 将产品复制到新项目

4)单击"确定"按钮完成操作。

产品复制成功后,新产品会出现在项目主界面中,且新产品的名称以"-复制产品"结尾。

(2)在天猫精灵生态项目下复制产品

1)进入待复制产品所在的项目。

2)选择待复制的产品,单击 图标打开"复制产品"对话框。

3)选择好复制到的项目后,单击"确定"按钮完成操作,如图6-30所示。

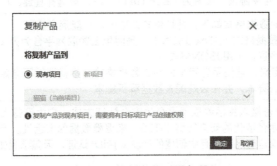
图6-30 复制产品到现有项目

产品复制成功后,新产品会出现在项目主界面中,且新产品的名称以"-复制产品"结尾,如图6-31所示。

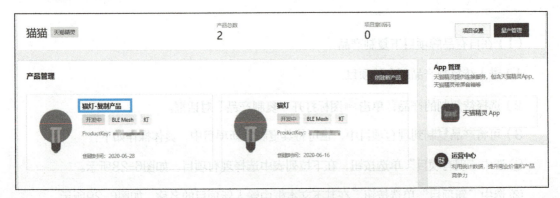
图6-31 产品复制成功

3．删除产品

1）选择待删除产品所在的项目。

2）选择待删除的产品，单击"删除产品"按钮。

3）在弹出的提示框中，单击"确定"按钮，如图6-32所示。

4）进行身份验证。可选择通过手机获取短信验证码的方式进行验证，或通过人脸识别进行验证，如图6-33所示。验证通过后即可删除该产品。

图6-32 删除产品

图6-33 身份验证

4．定义产品功能

（1）功能概述

每个产品都有两类功能，见表6-3。

表6-3 产品功能类型

功能类型	描述
标准功能	根据ICA数据标准，平台为每个品类创建了默认的标准功能
自定义功能	如果标准功能不符合用户的设备特征，则用户可以自定义功能

功能三要素包括属性、服务、事件，具体见表6-4。

表6-4 功能三要素

功能三要素	描述
属性	用于描述设备运行时的状态，支持状态读取和设置，如开关、温度、颜色等
服务	用于实现更复杂的业务逻辑，可包含输入参数和输出参数，可用于让设备执行某项特定的任务，如烤箱烘焙过程中，设定时间和温度等
事件	用于描述设备运行时的事件，如瞬时性的通知信息，也可包含多个输出参数，如人体红外传感器识别到有人经过、空调上报故障等

（2）新增标准功能

1）在项目主界面"产品管理"中选择产品，进入"功能定义"界面。

2）单击"标准功能"对应的"添加功能"按钮，如图6-34所示。

3）打开"添加标准功能"对话框，在左侧"选择功能"列表框中选择相应的功能类型，系统会将其自动添加到右侧"已选功能"区域中，如图6-35所示。

图6-34　添加功能

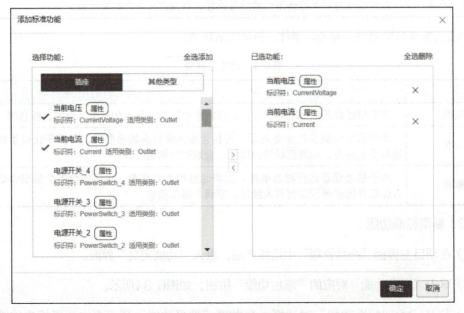

图6-35　添加标准功能

除了可以选择本类型的功能，还可以通过搜索添加其他类型的功能，如图6-36所示。

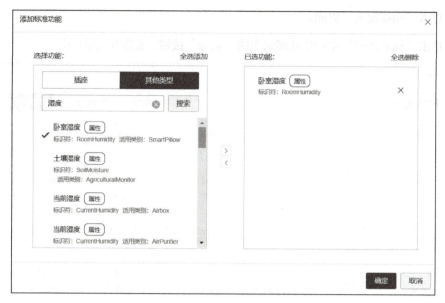

图6-36　添加其他类型的功能

4）单击"确定"按钮完成操作。

(3) 修改标准功能

1）进入"功能定义"界面。

2）单击"标准功能"中相应功能对应的"编辑"按钮，如图6-37所示。

图6-37　修改标准功能

3）在弹出的对话框中修改完参数，单击"确定"按钮完成操作。功能类型中有部分参数不支持修改（灰色显示部分）。

（4）删除标准功能

1）进入"功能定义"界面。

2）单击"标准功能"中相应功能对应的"删除"按钮，如图6-38所示。

图6-38 删除标准功能

3）在弹出的提示框中，单击"确定"按钮完成操作。

（5）新增自定义功能

1）进入"功能定义"界面。

2）单击"自定义功能"对应的"添加功能"按钮，如图6-39所示。

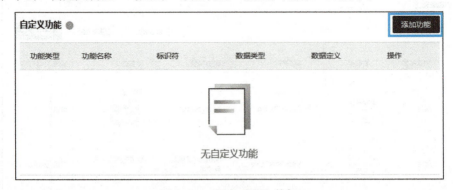

图6-39 "添加功能"按钮

3）在打开的"添加自定义功能"对话框中，用户可为产品自定义属性、服务和事件。

自定义属性：在"添加自定义功能"对话框中选择"功能类型"为"属性"。设置参数完成后，单击"确认"按钮，如图6-40所示。

自定义服务：在"添加自定义功能"对话框中选择"功能类型"为"服务"。设置参数完成后，单击"确认"按钮，如图6-41所示。

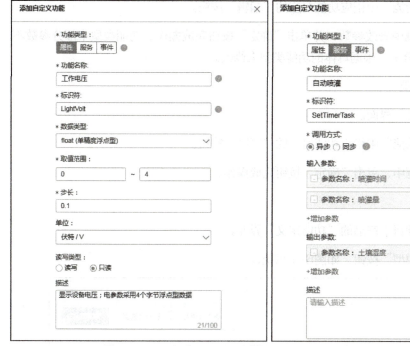

图6-40 "添加自定义功能"对话框　　图6-41 选择"服务"

自定义事件：在"添加自定义功能"对话框中选择"功能类型"为"事件"。设置参数完成后，单击"确认"按钮，如图6-42所示。

图6-42 选择"事件"

（6）修改自定义功能

1）进入"功能定义"界面。

2)单击"自定义功能"中相应功能对应的"编辑"按钮。

3)在弹出的对话框中修改参数,并单击"确定"按钮完成操作。功能类型中部分参数不支持修改(灰色显示部分),根据具体的功能类型来修改。

(7)删除自定义功能

1)进入"功能定义"界面。

2)单击"自定义功能"中相应功能对应的"删除"按钮。

3)在弹出的提示框中,单击"确定"按钮完成操作。

(8)导入物理模型

1)进入自有品牌项目下产品的"功能定义"界面。

2)单击"导入物模型"按钮,如图6-43所示。

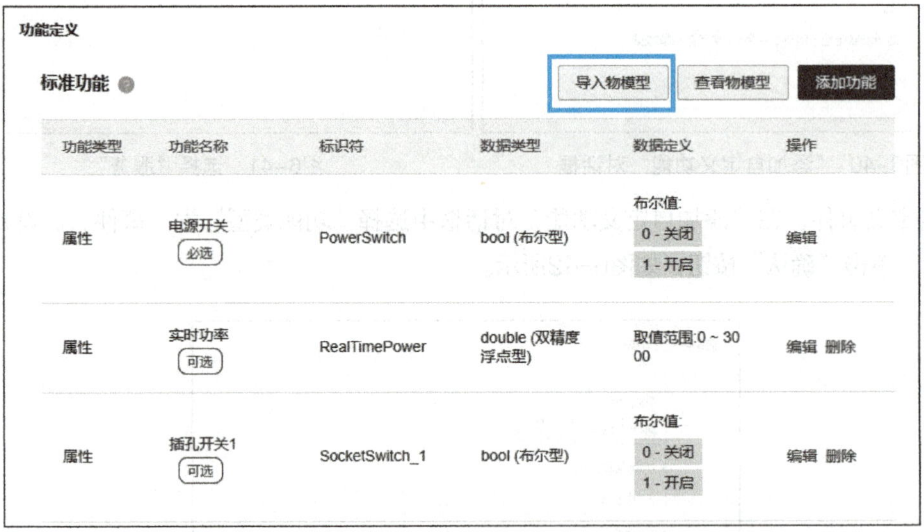

图6-43 "导入物模型"按钮

3)在弹出的"导入物模型"对话框中选择导入方式,并进行配置。

单击"拷贝产品"标签,在"选择产品"下拉列表中选择待复制物模型的产品名称,单击"确定"按钮完成操作,如图6-44所示。

单击"导入物模型"标签,单击"上传文件"按钮,选择本地JSON文件,完成后单击"确定"按钮,如图6-45所示。

(9)导出模型文件

1)进入"功能定义"界面。

2)单击"标准功能"对应的"查看物模型"按钮,如图6-46所示,打开"查看物模型"对话框,如图6-47所示。

图6-44 选择待复制的产品

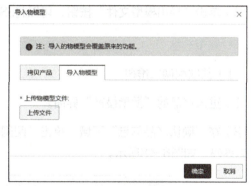
图6-45 导入物模型数据

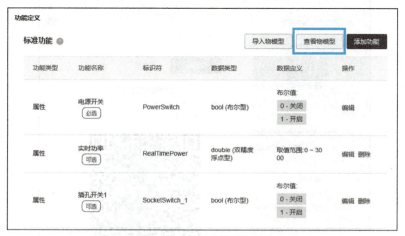
图6-46 "查看物模型"按钮

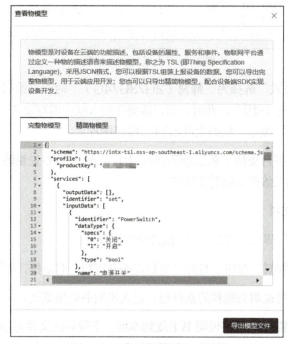
图6-47 "查看物模型"对话框

3）单击"导出模型文件"按钮，可以将JSON文件保存到本地。

5．发布产品

（1）获取配网二维码

1）进入产品的"批量投产"界面。

2）在"确认产品信息"区域，单击"配网+App下载二维码"按钮，生成该产品对应的2合1二维码，如图6-48所示。

图6-48　生成2合1二维码

当产品的"连网方式"选择为"蜂窝（2G/3G/4G）"时，二维码中需携带每台设备唯一的Device Name（图6-49）。此时，用户需要在输入框中填写设备的Device Name，填完后单击"生成二维码"按钮，从而生成2合1二维码图片。

3）下载二维码。平台支持下载二维码PNG大尺寸图、SVG矢量图，且支持通过链接自行生成二维码，以保障二维码印刷的清晰度。

（2）下载说明书物料

1）在"人机交互"界面，打开公版App的控制开关。

2）单击"说明书物料"按钮，打开"下载说明书物料"对话框，如图6-50所示。

3）选中相应语言的说明书物料的素材包，进入说明书的预览页。

4）单击右上角的 图标，将说明书下载到本地。下载后的文件可以直接用作设备说明书的印刷。

图6-49 生成二维码

图6-50 "下载说明书物料"对话框

(3)产品发布

1)进入产品的"批量生产"界面。

2)确认产品信息。确认公版App中展示的产品名称符合规范要求。如果产品名称不符合规范要求,则单击"名称修改"按钮(见图6-51),返回"人机交互"界面修改。

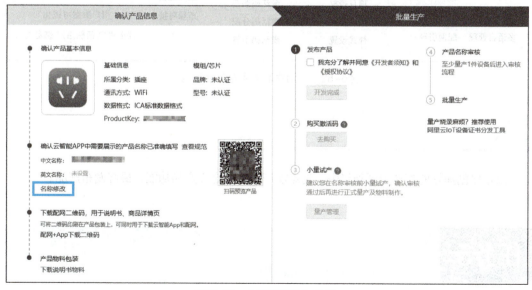

图6-51 "名称修改"按钮

3)单击"配网+App下载二维码"按钮下载产品的配网二维码。该二维码可展示在产品说明书、商品详情页中。

4)单击"下载说明书物料"按钮下载产品物料包装的相关内容。

5）选中"我充分了解并同意《开发者须知》和《授权协议》"复选框。

6）单击"开发完成"按钮，完成产品发布。

生活物联网平台产品架构如图6-52所示。

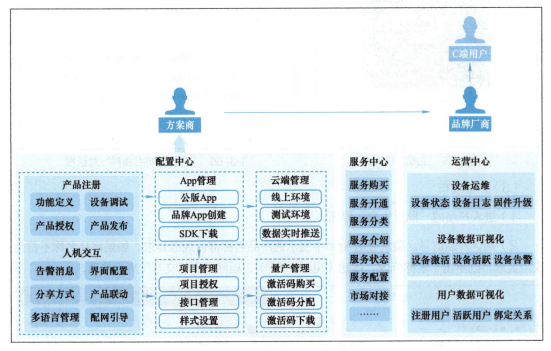

图6-52　生活物联网平台产品架构

试在已创建好的智慧社区项目中，先添加产品，后定义产品功能，最终发布产品。

任务5　开发智慧社区移动应用

将物联网应用平台与物联网平台下的社区产品设备关联，把智慧社区硬件设备绑定至平台，可实现数据可视化。

云端获取的在线数据展示在根据任务需求设计创建的Web可视化界面中，同时可以通过Web界面控制线下控制设备的开关，即完成云端的联动控制。

在本任务中，我们需学会开发智慧社区移动应用。

任务目标

- 掌握创建App的方法。
- 掌握在App中设置关联产品的方法。
- 掌握集成iOS端和Android端安全图片的方法。
- 了解下载并集成iOS端和安卓端SDK的方法。

任务实施

1. 创建App

1）登录生活物联网控制台。

2）创建自有品牌App。

进入项目主界面，单击"创建自有品牌App"按钮，如图6-53所示。

图6-53 "创建自有品牌App"按钮

在弹出的"新建自有品牌App"对话框中，输入应用名称、应用包名等信息，完成后单击"确定"按钮，如图6-54所示，输入的信息后面还可以修改。

应用包名的配置规则如下：

每个App对应2个应用包名，分别为iOS应用和Android应用。两个应用包名都必须配置。应用包名的格式为com.×××.×××，包名为大小写字母与数字的组合，不能包含空格。

3）配置多终端登录。

不支持多终端登录意味着同一个账号只能在一个设备终端上登录，即在一台手机登录后，其他设备终端自动退出登录。生活物联网平台默认不支持多端登录。

若要配置多终端登录，则需进行以下操作：

单击"支持多终端登录"对应的"编辑"按钮，如图6-55所示。

图6-54 "新建自有品牌App"对话框　　　　图6-55 "编辑"按钮

在弹出的"编辑"对话框中选中"是"单选按钮，单击"确定"按钮，如图6-56所示。

图6-56 "编辑"对话框

4)在"关联产品"界面中,配置产品的关联状态。

5)在"用户账号"界面中,配置用户账号。系统默认使用内置账号体系,已集成在SDK套餐包中。

如果用户还需额外集成自己的账号体系,则选择"自有账号体系"(见图6-57),并按照界面提示填写相关的配置信息。

图6-57 选择"自有账号体系"

6）集成App界面插件。

生活物联网平台为App中的常用功能提供了UI界面插件，用户只需要将插件代码嵌到自己的App工程中，即可实现相应模块的调用。当然，用户也可以自行开发所需功能的App界面，此时可直接跳过该步骤的操作。

生活物联网平台为以下功能提供UI界面插件：设备面板、配网、云端定时、本地定时、自动化场景等，如图6-58所示。

图6-58　集成App界面插件

7）集成安全图片。

8）下载并集成SDK。

9）进入"我的APP"界面，生成App源代码。首次进入"我的APP"界面，会弹出"选择模板"对话框，用户也可以单击"更换模板"按钮打开"选择模板"对话框，如图6-59所示。

图6-59 "选择模板"对话框

2．设置关联产品

1）进入自有品牌App的"关联产品"界面。

2）在"自有产品"标签中，打开待关联产品的"关联状态"开关。

"自有产品"标签中显示的产品为当前项目下的所有产品。当用户需要用App对产品进行配网、绑定、控制等操作时，需要打开该产品的"关联状态"开关，如图6-60所示。

图6-60 打开"关联状态"开关

3）在"跨项目共享产品"标签中，用户可以关联其他项目中的产品。申请关联其他项目的产品时，该产品需遵守以下原则：

① 申请的产品必须为本账号下其他项目（不能为当前项目）中的产品，或其他账号下项目中的产品。

② 最多申请3个共享产品，包含共享状态为待对方同意的产品。

③ 不能重复提交申请，即已申请通过或正在申请的产品不能相同。

关联其他项目的产品的操作步骤如下：

单击"添加共享产品"按钮。录入待共享项目中产品的"ProductKey"，单击"下一步"按钮，如图6-61所示。

图6-61　添加共享产品

在打开的"添加共享产品"对话框中单击"申请共享"按钮，如图6-62所示。

图6-62　申请共享

提交申请后,界面如图6-63所示。

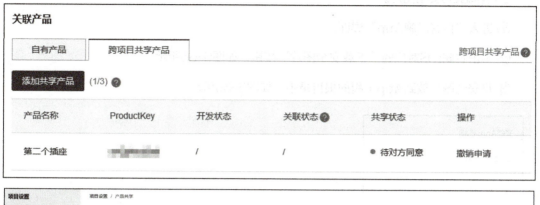

图6-63 提交共享申请

对方同意申请后,产品的"共享状态"显示为"共享中",如图6-64所示。

图6-64 对方同意申请

3. 集成安全图片

1）集成iOS安全图片。

① 进入"自有品牌App"界面。

② 单击右侧iOS对应的"下载安全图片"按钮，如图6-65所示。

③ 将安全图片放到App工程的根目录中，如图6-66所示。

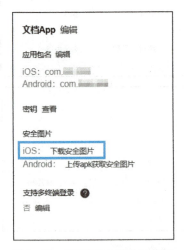

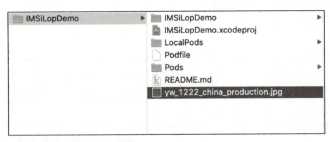

图6-65　"下载安全图片"按钮　　　　图6-66　存放安全图片

④ 打开xcode工具，将安全图片拖至工程文件夹的根目录下，如图6-67所示。

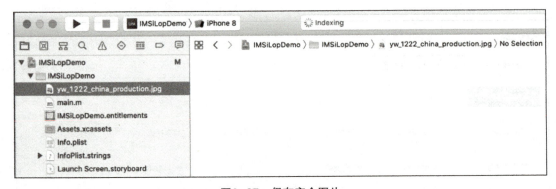

图6-67　保存安全图片

⑤ 设置iOS工程的Bundle Identifier。iOS端为了安全性，工程的"Bundle Identifier"与"新建自有品牌App"对话框内输入的iOS"应用包名"要保持一致，如图6-68所示。

2）集成Andriod安全图片。

① 进入"自有品牌App"界面。

② 上传签名后的apk文件。签名是开发每个Andriod应用所必需的。

③ 单击Android对应的"上传apk获取安全图片"按钮，如图6-69所示。

④ 将安全图片放到Android工程目录中的src\res\drawable路径下，如图6-70所示。

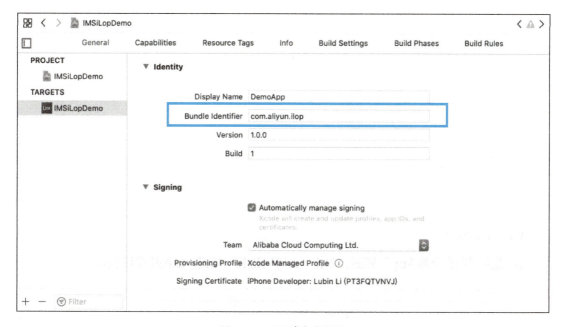

图6-68　iOS端安全图片

图6-69　"上传apk获取安全图片"按钮

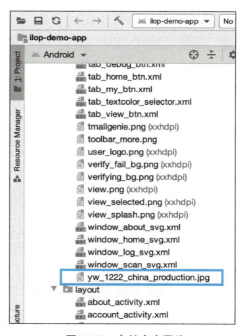

图6-70　存放安全图片

⑤ 校验签名。Android端的安全图片需要和签名搭配使用。确认build.gradle文件中包含以下内容，并确保与步骤③中上传的apk包中配置的签名一致。

```
android{

    signingConfigs {
        release {
            v2SigningEnabled false
            storeFile file("debug.jks")
            storePassword '123456'
            keyAlias 'ray_ni'
            keyPassword '123456'
        }
    }
```

4．下载并集成SDK

（1）下载SDK

① 进入"自有品牌App"界面，单击"APP SDK"标签，如图6-71所示。

图6-71 "APP SDK"标签

② 下拉选择"SDK配置项 版本"（一般建议选择最新版本）。SDK套餐项的功能版本号，即API Level，用来解决新老SDK套餐项不兼容问题，每个API Level包含一组SDK套餐项，不同API Level的SDK套餐项功能不同。

③ 选择SDK套餐项。SDK包括以下套餐项：基础包（必选）、用户账号（必选）、消息推送（需要额外配置参数）、设备控制、配网、蓝牙设备接入框架。

④ 单击"iOS SDK 下载"或"Android SDK 下载"按钮。

下载到本地的文件为压缩包，解压后包含iOS文件（Podfile文件、安全图片）、Android文件（dependency.gradle文件、安全图片）。

（2）集成Android SDK

集成SDK前，需确保已集成安全图片。Android App推荐开发工具为Google官方的Android Studio（建议使用最新且稳定的版本）。

① 将下载的dependency.gradle文件放到模块的根目录下。

② 在模块根目录的build.gradle文件中，添加以下代码，如图6-72所示。

```
apply from:'dependency.gradle'
```

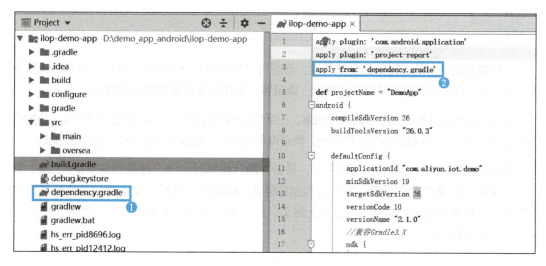

图6-72 集成Android SDK

（3）集成iOS SDK

集成SDK前，需确保已集成安全图片。本SDK采用cocoapods管理业务模块。

① 将下载的iOS SDK Podfile文件放到工程文件夹的根目录下。

② 修改文件中的target名称，使其与xcode工程的设置一致，如图6-73所示。

③ 进入终端，在profile文件同级的目录下，执行pod update。

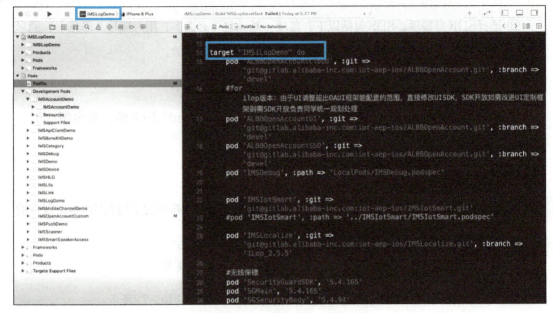

图6-73 修改文件中的target名称

知识补充

生活物联网平台基于阿里云全球节点,当前可支持200多个国家和地区的设备联网。整个底层架构里可以扩展100多亿设备的连接,满足客户全球海量设备智能化的需求。

为了降低烧录设备证书环节的管理成本,生活物联网平台进行了全球化能力的升级。升级后用户无须在烧录环节区分设备的销售区域。烧录设备证书后,设备可以在全球任意地区售卖。

全球激活中心的原理如图6-74所示。设备在激活联网时,统一连接到华东2(上海)数据中心激活。完成首次激活后,平台再根据C端用户具体所在区域,自动将设备连到就近的数据中心。目前数据中心包括华东2(上海)、新加坡、美国(弗吉尼亚)、德国(法兰克福),并持续增加中。

图6-74 全球激活中心的原理

生活物联网平台的全球化有以下特点：

1. 合规性

生活物联网平台可以满足全球客户对云服务的合规要求。根据欧盟GDPR（通用数据保护条例）的需求，生活物联网平台采取了隐私保护、数据安全的相关措施，将隐私保护通过技术方案实现，符合GDPR的产品合规要求，且已成功通过美国注册会计师协会（AICPA）与云安全联盟（CSA）制定的SOC1和SOC2审计标准。

2. 多语言

为了配合设备的全球化售卖，生活物联网平台提供了多种语言功能。

生活物联网平台目前支持中文、英文、法文、德文、日文、韩文等十三种语言。

3. 支持国外第三方平台对接

生活物联网平台的公版App已完成对接Amazon Alexa、Google Home和IFTTT，同时也提供了自有品牌App对接Amazon Alexa、Google Home的解决方案。

思考练习

1．试在已创建好的智慧社区项目中创建App并关联相关产品。

2．在中央控制器上查看相关数据，并记录在表6-5中。

表6-5　各传感器相关数据

名称	数据
烟雾传感器	
温湿度传感器	
室内CO_2浓度传感器	
……	

项目评价表

工作任务	考核技能点	评分标准	参考分值	分值
任务1 注册阿里云物联网平台账号	能注册阿里云物联网平台账号	能正确并熟练地注册阿里云物联网平台账号	20分	

（续）

工作任务	考核技能点	评分标准	参考分值	分值
任务2 管理物联网平台项目	能管理阿里云物联网平台的项目	能正确并熟练地使用阿里云物联网平台管理相关项目	20分	
任务3 管理智慧社区项目	能管理智慧社区项目	能在生活物联网平台上进行创建项目、授权项目、重命名项目、删除项目等操作	20分	
任务4 管理智慧社区产品	能管理智慧社区产品	能在生活物联网平台上进行创建产品、复制产品、删除产品、自定义产品功能、发布产品等操作	20分	
任务5 开发智慧社区移动应用	能使用生活物联网平台创建智慧社区App应用	能在生活物联网平台上创建App、关联相关产品	10分	
	能使用生活物联网平台配置并启用智慧社区App应用	能在生活物联网平台上设置App界面并调用iOS端和Android端的SDK	10分	
总计				

项目习题

一、判断题

1. 2017年，阿里云正式发布Link物联网平台。　　　　　　　　（　　）

2. 在物联网平台方面，阿里云提供了企业物联网平台和生活物联网平台。（　　）

3. 物联网应用开发（IoT Studio）是阿里云针对物联网场景提供的生产力工具，是阿里云物联网平台的一部分。（　　）

二、单选题

1. 阿里云实名认证要求用户选择认证类型，包括（　　）、企业/政府实名认证和个体工商户实名认证。

　　A．机构认证　　　B．组织机构认证　　C．个人实名认证　　D．团体认证

2. 阿里云创建设备后会产生三元组，分别指（　　）、Device Name和Device Secret。

　　A．设备名称　　　　　　　　　　　　B．Product Key

　　C．设备密钥　　　　　　　　　　　　D．Device scenarios

3. 物联网平台包括三种云计算服务模型，其中PaaS是指（　　）。

　　A．基于基础设施即服务　　　　　　　B．软件即服务

C．平台即服务　　　　　　　　D．虚拟基础服务

4．MQTT协议中有三种身份，包括发布者、代理和（　　）。

A．普通用户　　B．超级用户　　C．使用者　　D．订阅者

三、简答题

1．简述物联网平台的三种云计算服务模式。

2．简述阿里云物联网平台的基本功能。

项目总结

项目6　物联网平台应用
- 任务1　注册阿里云物联网平台账号
  - 阿里云平台账号注册
  - 完成实名认证
- 任务2　管理物联网平台项目
  - 创建产品和添加设备
  - 创建设备物模型
- 任务3　管理智慧社区项目
  - 登录生活物联网平台
  - 创建项目
  - 授权项目
  - 重命名项目
  - 删除项目
- 任务4　管理智慧社区产品
  - 创建产品
  - 复制产品
  - 删除产品
  - 定义产品功能
  - 发布产品
- 任务5　开发智慧社区移动应用
  - 创建App
  - 设置关联产品
  - 集成安全图片
  - 下载并集成SDK

参 考 文 献

[1] 邢袖迪. 智能家居产品从设计到运营 [M]. 北京: 人民邮电出版社, 2015.

[2] 杭州晶控电子有限公司. 教你搭建自己的智能家居系统 [M]. 2版. 北京: 机械工业出版社, 2019.

[3] 万碧玉. 中国智慧社区建设标准体系研究 [M]. 北京: 中国建筑工业出版社, 2018.

[4] 左斌, 张伟, 左莹郁. 物联网技术在智慧社区的应用与案例 [M]. 北京: 中国建筑工业出版社, 2018.

[5] 张丹媚, 周福亮. 智慧社区管理 [M]. 北京: 北京理工大学出版社, 2019.